致力于中国人的教育改革和文化重建

立 品 图 书·自觉·觉他
www.tobebooks.net
出 品

养蒙针度

(清) 潘子声 著

中国文联出版社
http://www.clapnet.cn

图书在版编目（CIP）数据

养蒙针度/（清）潘子声著. — 北京：中国文联出版社，2016.12
ISBN 978-7-5190-2330-0

Ⅰ.①养… Ⅱ.①潘… Ⅲ.①古汉语—启蒙读物 Ⅳ.①H194.1

中国版本图书馆CIP数据核字（2016）第291233号

养蒙针度

作　　者：（清）潘子声

出 版 人：朱　庆
终 审 人：奚耀华　　复 审 人：胡　笋
责任编辑：蒋爱民　　责任校对：傅泉泽
封面设计：肖晋兴　　责任印制：陈　晨

出版发行：中国文联出版社
地　　址：北京市朝阳区农展馆南里10号，100125
电　　话：010—85923066（咨询） 85923000（编务） 85923020（邮购）
传　　真：010—85923000（总编室），010—85923020（发行部）
网　　址：http://www.clapnet.cn　http://www.claplus.cn
E-mail：clap@clapnet.cn　jiangam@clapnet.cn

印　　刷：三河市华晨印务有限公司
装　　订：三河市华晨印务有限公司
法律顾问：北京天驰君泰律师事务所徐波律师
本书如有破损、缺页、装订错误，请与本社联系调换

开　　本：787×1092　1/16
字　　数：80千字　印张：20
版　　次：2016年12月第1版　印次：2016年12月第1次印刷
书　　号：ISBN 978-7-5190-2330-0
定　　价：88.00元

目录

《养蒙针度》是一把祖传的金钥匙
——如何打开学习中国经典的大门 …… 一

卷一

《三字经》不二字 …… 一一
《百家姓》不二字 …… 二七
《千字文》不二字 …… 三九
《神童诗》不二字 …… 五七
《千家诗》不二字 …… 六一

卷二

《大学》不二字 …… 七九
《中庸》不二字 …… 八五
《论语》不二字 …… 九二
《孟子》不二字 …… 一一八

卷三

《毛诗经》不二字 …… 一三七
《周易》不二字 …… 一八一

卷四

《尚书》不二字 …… 一九七
《春秋》不二字 …… 二二三
《曲礼》不二字 …… 二二八

卷五

《古文观止·左传》不二字 …… 二六三
《古文观止·国语》不二字 …… 二六四

《古文观止·战国策》不二字……………二六五
《古文观止·汉文》不二字……………二六七
《古文观止·史记》不二字……………二七一
《古文观止·三国文》不二字…………二七一
《古文观止·晋文》不二字……………二七二
《古文观止·唐文》不二字……………二七二
《古文观止·宋文》不二字……………二七五
《古文观止·元文》不二字……………二七八
《古文观止·明文》不二字……………二七八
《历朝东捷录》不二字……………………二八〇

《养蒙针度》是一把祖传的金钥匙

——如何打开学习中国经典的大门

北京师范大学教育管理学院 沈立博士

只学一本，就能通读天下万卷书。

《养蒙针度》就是这样一本奇书，这不是幻想，而是事实。但是《养蒙针度》几乎被所有人遗忘了，如果不加说明，可能此书在手，不少读者也不知道其有何价值；或者，想学习与教授《养蒙针度》，但是不知道如何着手。为了使读者能够了解《养蒙针度》的价值，发挥《养蒙针度》的作用，特地撰写了这个说明。

一、把高明的方法传给孩子

与其教人死知识，不如教人活方法，此乃古今教育之共识。古人把死知识与活方法比作『鱼』与『渔』，授人以鱼，不如授人以渔——掌握了捕鱼之法与捕鱼之网，就不愁自己无鱼。金末元初文学家元好问则把死知识比作绣好的『鸳鸯』，而把活方法看作刺绣的『金针』，好老师就如同好绣师，不仅要绣出『鸳鸯』以示人，还愿把『金针』度与人——金针度人，就是把高明的方法教给他人。

养蒙即教养童蒙。童蒙主要指儿童或处于启蒙教育阶段的人。教养，教而养成。教养童蒙就是儿童启蒙教育或传统基础教育。

养蒙针度，简而言之，就是把高明的方法直接教授给儿童，授童以渔或把金针授予儿童。《养蒙针度》就是一本把高明的方法教授给儿童的书籍。

二、何为金针——识字与读书合二为一的双全法

（一）分类识字法

古代是通过家校合一来实行教育，家庭主要承担生活与为人处世的习惯养成教育，而私塾主要承担识字读书的教育，当然家校双方是紧密配合的，私塾中也有为人处世的内容，父母也肩负读书识字的任务。在初始的基础教育阶段——养蒙或蒙学，识字是主要任务。

识字法分为两类——分类识字法与读书识字法，王筠在《教童子法》中说：『蒙养之时，识字为先，不必遽读书。先取象形指事之纯体教之。识「日」、「月」字，即以天上日月告之；识「上」、「下」字，即以在上在下之物告之，乃为切实。纯体字既识，乃教

以合体字，又须先易讲者，而后及难讲者，讲又不必尽说正义，但须说入童子之耳，不可出之我口，便算了事。如弟子钝，则识千余字后，乃为之讲；能识二千字，乃可读书，读亦必讲。』按照六书造字法分类而教，先教象形，然后教指事、会意与形声，或者按照生活中的分类教，天文、地理、人伦、草木、鱼虫鸟兽等。

（二）读书识字法

但是更常用的还是读书识字法，蒙学教材其实是识字教材，识字是主要功能，此外也具有学习自然与文史常识的功能。最常见的就是以『三百千千』为代表的识字教材。《三字经》《百家姓》《千字文》与《千家诗》的教学目标首先就是识字，其次才是了解其中的自然与人文常识。虽然《三字经》里包含了中国文化、历史与教育的核心理念与常识，但是其主要目的是让孩子学会520个左右的汉字，《三字经》由于版本不同，总字数在1100个多一点，但是不重复的『不二字』就是520个，所以通过学习《三字经》学会了520个字，在其他书籍中遇到，也能认识。

（三）融合两者优点的《养蒙针度》识字法

分类识字法的缺点是比较散乱，学习过程比较枯燥，像王筠所说的那样，让孩子认识1000~2000个汉字，不是一项容易做到的教学任务。读书识字法可以系统学习其中的汉字，但是单个字无法深入系统学习。《养蒙针度》则把传统教育中常用的经典，按照循序渐进、由浅入深的次第，明确每一个『不二字』的字形与字音，并简明扼要地给出了每个字的本义。

《养蒙针度》第一篇就是《三字经》不二字520个，散而论之，就是520个独立的汉字，总而合之，就是《三字经》一篇由三字一句连缀而成的韵文，浓缩了中国的自然、文史哲与教育常识。

第二篇《百家姓》的不二字，共322个，确定这322个『不二字』的范围包含了《百家姓》与《三字经》，也就是说，只对《百家姓》中有，而《三字经》522个字中没有的不二字进行解释。《千字文》的不二字，也是对《三字经》与《百家姓》中没有的不二字进行统计、解释。

三、《养蒙针度》的内容与识字量

《养蒙针度》囊括了从三百千千到四书五经，从《古文观止》到《历朝东捷录》共计16本经典教材，收录了传统经典中包含的8247个『不二字』——不重复的汉字。如果认识了这8247个汉字，不仅能够通读上述16本经典，还能通读中国传统几乎所有的经典，这些书籍都是用这八千多个汉字撰写而成。如果遇到在八千多字形档之外的生字，也可以通过查询而自学。

下面按照《养蒙针度》的先后顺序，详细介绍每一本经典教材的不二字数量。

我们专门选择了清代著名出版社李光明庄刊印的本子，李光明庄在清代因出版传统教材而闻名一时。李光明庄的《养蒙针度》分上下两册，共五卷。上册包括卷一与卷二，下册则有卷三、卷四与卷五。需要特别说明的是，此影印本的下册中，卷五没有特别标明，因此卷四与卷五合成一卷。但是我核对了清光绪六年（1880年）扫叶山房藏版的《养蒙针度》（五卷）与民国二十一年（1922年）由上海锦章图书局印行的《精校养蒙针度》（五卷），从《左传》开始到结尾都是卷五。特此说明。

卷一

《三字经》：520字

《百家姓》：322字

《千字文》：610字

《神童诗》：144字

《千家诗》：570字

卷二

《大学》：194字

《中庸》：221字

《论语》：771字

《孟子》：556字

上册共计3908字

卷三

《毛诗经》：1388字

《周易》：190字

卷四

《尚书》：556字

《春秋》：133字

《曲礼》：1097字

卷五

《左传》：38字

《国语》：45字

《战国策》：87字

《汉文》：146字

《史记》：35字

《三国文》：14字

《晋文》：21字

《唐文》：145字

《宋文》：91字

《元文》：22字

《明文》：65字

（以上皆是《古文观止》的内容）

《历朝东捷录》：266字

下册总计4339字

《养蒙针度》全书总计8247字

四、《养蒙针度》是清代一线老师教研并重的成果

作者潘子声先生是今天江苏常熟市人，他是康熙一朝的著名学者，博览群书，志向高洁，淡泊名利，立身严正。隐居乡野的他，受亲朋好友的委托，开馆授徒，成为一名蒙师（私塾先生）。

当时的私塾界，也同今天的『儿童读经』一样，重读诵而轻识字，『尝见人家读书子

弟一两年后，指示读过字义，茫然如梦，安望四书五经百家子史之字皆识？其贻讥于大方，岂少哉？』读经不识字，读经成文盲，古今一病。潘子声先生对此现象十分痛惜：『蒙童不识字，习惯口传迁延强记，自哄自愚，犹人质病根不疗，终为病害，良可痛惜？』

潘子声不仅看到了当时蒙学教育之病，还根据自己几十年从事私塾教育的经验，把私塾必读经典中的文字，去同存异，摘录成册，梳理注解，如珠穿线，一目了然，最终的成果就是这五卷本的《养蒙针度》。潘子声的学生孙苍璧先生对此书的评价为『幼学津梁，入门捷径，教亦多术，实不外是。』，是十分中肯而公正的评价。

我学习传统文化多年，从事经典教学法研究也有不少时间了，《养蒙针度》是我从事传统文化教育或国学经典教育不可多得的工具书与教参。

五、《养蒙针度》是走出当前儿童读经与国学教育瓶颈的一条捷径

（一）让人心里一亮的《养蒙针度》

多年之前，我在北京琉璃厂的古籍书店浏览旧书，看到茶色封面上四个雅致的手写楷书『养蒙针度』。翻开一看，第一篇《三字经》，第一页的不二字有『人之初性本善相近

习远苟不教乃』，以小一点的字型大小注音，解释此字的本义。顿时心中一亮，这就是我要找的书。

（二）从《养蒙针度》看经典讲解之争

那时，儿童读经正如火如荼在中国推广，对于经典是否要讲解，俨然分成两派，一派说要讲解，另一派说不用讲解，等长大了自然就懂了。双方各执一词，争吵得不可开交。一看《养蒙针度》，我知道，这两派都没有真正明白，在稀里糊涂地打架。说不讲解，是对，但是没说清楚——不讲经义；说要讲解，也对，但是没说清楚——要讲字、字形、字音与字义。对不识字的儿童讲经义，很明显是针对不会走路就教以跑步的做法，肯定是错误的，所以养蒙阶段，不讲经义是正确的。

但是，唯读经，什么都不讲，连字都不讲，把学习的标准定在『背诵』，忽视识字，对字的形、音、义都不讲解，不学习，其结果就是培养了一大批会背诵经典的文盲。当然与不会背诵经典的文盲似乎取得了一点进步，但是依然还是在培养文盲啊。儿童读经的教育目的难道就是培养文盲吗？我去过很多私塾与书院，事实上，很多都以『背诵』为教学标准，的确是在培养不识字、只会背诵经典的文盲。

当然，传统教育中，除了讲解文字之外，还要讲规矩，学做人，学做事。另外，还要大量讲故事，例如劝学的故事、孝亲的故事、圣贤的故事等。因此，传统教育中讲解大量存在，讲字、讲礼、讲故事，比比皆是。所以，没有搞清楚问题的实质，泛泛而论讲解的存废，都是在误人子弟。

《养蒙针度》则是蒙学阶段要讲解文字的最佳物证。

六、《养蒙针度》的体例

《养蒙针度》分三部分：序言、凡例说明与正文。（一）序言主要由孙苍璧先生介绍作者潘子声先生与成书的缘由，以及对《养蒙针度》的评价。（二）凡例，则是作者对本书有关内容与使用方法的说明，其中凡例的第二与第三主要介绍了字卡的制作与学习方法，读者可以亲自尝试。其余凡例则是对《养蒙针度》学习过程中涉及的注意事项进行了特别说明。（三）正文目录在上文有详细说明，在此略而不论。正文中每个部分，都是对不同常见私塾教材中的不二字进行说明，字型最大的繁体字主要用来标示字形的，第二部分是『音X』，以字注音，例如人，音仁；性，音姓。另外，还有标注此字的声调，古代的平上去入与现代北京音的四声不尽相同。说到细节处，还有不少争论。对于初学者而言，我们采取一个简单的做法，就是大而化之——以现在普通话的字音为准，《养蒙针度》上的注音与现在普通话注音一致，则没有问题。如果有不一样的地方，就以普通话的读音为准。

字义解释部分有难字与生字，可以查询《说文解字注》《康熙字典》与其他汉语字典。有两个地方特别提出来说明一下，一是有不少字，可以作姓，例如『习』，不仅有鸟练习飞翔与熟练的意思，『又姓，郡东阳』，这样的字还有很多。『又姓』说明此字又能作姓用，郡是古代行政区域，从战国时代开始有的，历代有所不同，『东阳』就是这个区域的名称，由于古今区域名称变化较大，这方面内容知道即可，不用深究。

其二，很多字义解释最后常常出现『X同』，『道』字的最后是『道同』；『专』字的最后是『颛端同』，最后『同』之前的字，就是异体字，异体字就是同一个字有不同的字形。

七、如何学习与教授《养蒙针度》

我先后在两个书院教授过《养蒙针度》，一是位于天津的天真国际书院，前后教了近两年，学生从六岁左右到二十岁。其二是北京的凤凰耕读书院，学生程度相当于大学本科水准。除此之外，还利用《养蒙针度》的部分内容对校长与中小学教师进行过国学教育方面的培训。学员基本涵盖了青少年、青年与中老年的各个年龄阶段，受教育程度从小学、中学到大学都有，由此积累了一些《养蒙针度》的教学与学习经验与体会。

（一）学习的前提

刚开始教《养蒙针度》的时候，混龄授课，小学生有六岁的，大一点的学生有十八九岁的，一个学期下来，我发现十二岁以下的同学，学习效果不好；十二岁以上的学生，还是取得了一定的学习成绩。

第二学期就分班，小班以听、读与写为主，通过朗读与书写，初步掌握《三字经》与《百家姓》等识字教材中每个字的字形与字音。在此基础上，再深入一点，学习字义。否则，没有学习字音与字形的基础，直接学习字义，基础不牢，也容易丧失学习的兴趣。

大班则必须通过考试——默写《三字经》，正确率达到一定水准算通过。大班正式开始系统学习《养蒙针度》第一部分《三字经》的不二字。

（二）学习方法

1. 激发学生的学习兴趣

兴趣是最好的导师，我通过选择一些有趣易记的汉字，激发学生进行汉字探索与研究的兴趣，保持浓厚的好奇心与学习积极性。例如：雨，一为天，丨为上升的地气，坰为云气，上升到一定高度往两侧下降的水汽，由于气温随高度增加而下降，在水汽上升过程开始凝结成雨、雪或雹，多个『、』就是雨水。像『雨』字看似简单，其实内涵丰富的气象知识，雨在一字中藏着雨生成的过程、原理与现象。通过这些有趣而生动的『汉字演义』，充分调动了学生学习汉字的兴趣与积极性，为《养蒙针度》的教学打下了良好的基础。

2.制作字卡

其次教会学生学习汉字的方法——针度，给予金针。比如教会学生自己制作双面字卡，正面书写正体字，反面书写字音与字义。以《三字经》的第一个字『人』为例子，正面书写正体字『人』，反面书写『音仁，万物之灵，又冠者之称』。五十张为一扎，四扎两百字为一串，可以自学，也可以双人互动学习。

字卡最好让学生自己制作。做字卡的过程就是一个学习的过程，尺寸参照常用名片大小，正方形与长方形皆可。如果学生正在学习书法，用毛笔书写最好，当然使用硬笔书写也可以，因为字卡的教学目的不是练字，而是识字。

字卡多了，在学习过程中容易乱，最好进行一下标记，我们的做法是采取三个数字——页数-行数-字序号，例如：人，在第一页的第一列的第一个字，号码是『1-1-1』，就是第一页第四列第三字，号码是『1-4-3』，以此类推。收集大小合适的纸盒，或铁制点心盒，用于装字卡，需要的时候，按照号码重新排列字卡，恢复原来的顺序。

在教师检查与学生自测的时候，可以便捷地使用字卡。例如随机抽取十张或二十张字卡，给予正面，学生读出字音，给出字义。学生之间，也可以互相出示字卡来检测，互助学习。同时也可以给出字卡反面，要求学生写出正面的字。

3. 教会学生使用工具书与查询方法

我们在教学中推荐的是三本工具书，即清代著名文字学家段玉裁的《说文解字注》与《康熙字典》，版本必须是16开（A4纸大小）的，否则32开的小本，字太小，耗费眼力与时间，给查询增添了很大难度。第三本工具书是台湾编辑的《正中形音义综合大字典》，每个字以繁体楷书为首，兼备小篆、隶书、草书与行书，首先从六书造字法的角度，对这个字进行总体解释，然后就字音与字义进行分解，字义的解释在继承了传统的基础上，也能综合现代的知识与应用，是一部十分理想的现代汉字字典。

十二岁左右完全可以学习电脑与网络应用技术，所以我们也教学生如何利用网络资源库进行文字查询与学习。在《养蒙针度》教学中，我们推荐常用的是『国学大师』网站（http://www.guoxuedashi.com/）。其【汉语字典】可查20万字，囊括了三十五大工具书，即使不会打的字，也可以用【部件查字】查询汉字。此外『国学大师』中的古典图书集成，收集了2万种28万卷约24亿字的古典图书，分为【史、子、集、诗、儒、易、艺、医、丛、道、佛】十一大部，基本上囊括了中国常见的古代图书，是目前网上收录古典文学作品最全、最多的图书集成。

当学生缺乏学习汉字的工具与资料，当然就无法进行自由而深入地学习。反之，遇到海量资料的时候，同样会感到茫然失措。因此，有必要给学生学习提出明确的要求。

（1）繁体楷书与小篆

解字的时候不能使用简体字，主要因为简体字与古代工具书不对接，无法查询。同时参考繁体楷书与小篆，古今皆备，基本可以满足养蒙阶段识字的需要。相对于学习甲骨文而言，认识小篆更加重要，小篆是秦始皇统一文字采用的字体，也是汉代许慎在《说文解字》所用的字体，小篆在中国文字发展历史上属于承上启下的关键性阶段。此外，在现实的教学阶段，很多小篆还具有『图像』的功能，能够让学生看『图』识字，小篆保留了汉字中很多象形的特征。

（2）以段玉裁《说文解字注》与《康熙字典》为主，以其他字典为辅助

甲骨文发掘之后，后人对许慎《说文解字》有了一些新的认识，有专家认为许慎对有些文字的解释是有问题的。但是这些并没有动摇《说文解字》在文字学领域与汉字教育中的地位与价值，我们固然应该修正许慎《说文解字》中的错讹，但是不能因此而全盘否认其价值。

因此我们在教学上，认可与尊崇许慎《说文解字》的地位与价值；在学习汉字的过程中，首先参考《说文解字》。由于年代久远，对于今人而言，许慎很多解释显得艰涩古奥，因此我们推荐清代文字学家段玉裁的《说文解字注》，段玉裁对许慎的解释进行了注解与梳理，有利于我们更好地理解《说文解字》的内容。参考工具书或『国学大师』网站资料库中，其实就有《说文解字注》，此书包含了许慎的《说文解字》的内容。

《说文解字》共收录9353个字，而《康熙字典》则收录了47035个汉字，比《说文解字》多出很多。另外，《康熙字典》在对每个字进行解释之余，还引述了这个字在经典著作的用法，具有重要参考价值。

如果说《说文解字注》与《康熙字典》还没有提供满意而完备的解释，则可以参考其他字典，例如《正中形音义综合大字典》以及『国学大师』中的多部字典，综合起来学习。

查询汉字，刚开始的时候，比较费时费力，这也是一个熟能生巧的过程。熟练之后，就会愈加迅速准确，同时也可以积累很多经验。初学者，不论是教师还是学生，都不要着急。做学问，不仅需要热情，还需要耐心与定力。日久见功夫，日久长学问。

（3）字拆而分之，合而为一

《文字蒙求》中说：『人之不识字也，病于不能分。苟能分一字为数位，则点画必不可以增减，且易记而难忘矣。』例如：『易』分为上日下月，『明』分为左日右月，『土』分为二与丨，『教』分为爻、子、卜与又等，最后合二为一，无论字形、字音与字义，都在其中了。如果能够灵活应用文字在自然与生活对应的实物或照片，再结合六书造字法，如清代王筠在《文字蒙求》中所说的一样：『苟于童蒙时，先令知某为象形，某为指事，而会意字即合此二者以成之，形声字即合此三者以成之，岂非执简御繁之法乎？』

要做到这一点，对老师的要求就很高了，不是『阿狗阿猫』都可以教经典了。老师必须在文字学上下功夫，教孩子一碗水，自己至少有一桶水。我们现在很多地方的私塾或书院开展的儿童读经，之所以只能采用『小朋友，跟我读』，我认为其中有一个原因是有不少老师不愿意承认的——因为只能教孩子读诵，老师根本就没有能力、没有水准教文字，更别说经典的义理了。争论能否讲解本身就是假问题，问题的真相是很多老师就『无能』——除了领读，不会教经典。

4. 学会学习，教学相长

有资深的教育工作者比喻我们现在填鸭式的应试教育，教学生游泳，就是不让学生下水游；或者教授美食课程，就不让学生品尝。联合国教科文组织早就提出了面向二十一世纪的教育有四大支柱，其中第一个支柱就是『学会学习』或『学会求知』，这与《养蒙针度》的宗旨完全一致。

在《养蒙针度》的教学中，教师的责任不是教汉字，而是教会学生自学。教师的主要作用是提供自学的教材、工具书和学习方法，进行示范教学，加强指导，组织交流、分享与讨论等。从教学实践安排上看，教师最多占用三分之一的时间，其他时间主要用于分享与讨论。学生学习主要是在课下自学，上课时除了自己汇报汉字学习成果，就是聆听其他同学的分享，参与讨论。当然，老师在分享与讨论过程中起到了主导性与决定性的作用，对每个学生的分享要做评价，指出错误与问题，提供解决问题的方法。

按照《养蒙针度·三字经》中不二字的顺序与学生人数，一周一个学生负责查询与讲解一个字，如果时间与精力有富余，可以一周解两到三个字，逐渐增加所学文字的数量。上课就是轮流分享，一起讨论、问答，老师提出修改意见。

5. 课件与学习笔记

为了达到共用与交流、共同学习的目的，我们要求学习《养蒙针度》的学生必须学会制作课件，或者撰写学习笔记。从教学效果而言，学会制作课件的教学效果更好。汉字是方块字，本身具有图像的特征，因此课件中可以穿插实物或说明文字的照片，便于理解，也能利用相关语音与视频，使讲解更加生动，活跃课堂学习气氛。新生代的青少年具有十分丰富而老练的多媒体欣赏与应用经验，学习PPT与Prezi这样的展示软体十分迅速，他们的学习积极性十分高涨，也乐于用软体展示他们的学习成果。课件制作也能够结合选择实物，自己拍摄图像或视频，把自己的书法与绘画转化为讲解的部分内容。此外，课件的修改与分享拷贝十分便捷。一个同学制作的解字课件，可以与其他同学统合在一起，作为每次课程的共同学习成果保存下来。

八、《养蒙针度》的教学体会

（一）字是学习经典的最佳切入点

文以载道的『文』，首先应该是文字之『文』。独体为文，合体为字。文字首先是道的载体，道在文字中，由文字组成的文章经典，当然更是载道之体。

经史子集，儒佛道医，诸子百家，千万经典，莫不由文字构成，字是文章经书的最小构成元素，识字是学习文化典籍的基础。

（二）识字是以不变应万变

字有限，而书无穷。不认字而读书，是以变应万变，肯定忙碌无措，收效甚微；识字而后读书，常用汉字有限，则以不变应万变。识字是针度，是『渔』，文章书籍是

『鱼』，识字而后读书，以常应变，则治而不乱，事半功倍。

（三）学生以字为单元学习，入手易，而收效快。

让学生从一句话或一部书入手，难度大，学习时间长，收效也慢。但是，从一个字入手，则十分简单容易。即使一字，也是载道之体，所谓『尝海一滴，知百川之味』，学生也能深谙文化道体之义，从中获得会心的喜悦与激荡心灵的智慧。几乎所有的学生，都在文字的学习中乐此不疲，好学不辍。

（四）学习汉字的火候

因为每个学生的年龄、身体、注意力集中长短等不同，学习的时间没有统一的标准，但是有一个定性的原则『面露倦色则止』，这里的『止』，并非就是下课，如果刚好是下课时间到了，当然就下课。如果下课时间没有到，就要进行合理的调整——讲个故事，唱个歌，做个分享，做个游戏等，调节一下气氛，让疲倦消散，然后再进行学习。

（五）教学法的持续创新

汉字与字义是要继承的，不能随意创新，但是教学法则需要因人、因时、因地与因机地进行创新，善于应用实物、图片、视频、情节、故事、人物等，因材施教，不断创新。

可以说，没有难学的字，只有不良的教学。只要寻找到合适而生动的教学法，《养蒙针度》的汉字教学就没有障碍与难题。

（六）《养蒙针度》与《文字蒙求》相集合的教学模式

如果说《养蒙针度》的汉字是以『经线』为主，那么《文字蒙求》的汉字则触类旁通，以『象形、指事、会意与形声』的造字法而集成讲解的教材。以经典教材中的汉字为经线，与以造字法为轴心的同类文字为纬线，经纬交合，则会收到更好的教学效果。

九、致谢

《养蒙针度》只在清代与民国初年曾经出版发行，解放之后就没有出版社出版过，于是在教学过程中只能复印一些篇章用以教学。幸运的是，不久之前，在北京昌平的辛庄师范，遇到立品图书的黄明雨老师，听我介绍《养蒙针度》之后，愿意支持出版，促成《养蒙针度》流通于世，在此深表感谢。

江南城聚寶門三山街大功坊郭家巷内秦狀元巷中李光明家自梓童蒙各種讀本揀選重料紙張裝訂又分鋪狀元境狀元境口狀元閣發售實價有單

狀元閣印

養蒙鍼度

養蒙針度原序

古者教設庠序必先之以養蒙蒙養旣正則進德修業日就月將得力快而入門易故開首先令認字使子弟耳目並用詳其音義辨其句讀自小學入於大學由淺而深自博而約童而嫺熟脈絡條貫幾於成文成誦無不從識字來也吾師虞山潘子聲先生乃熙朝名宿志敦高尚不慕榮利家有藏書探求博覽不涉世務平居嚴正自持或嗤其拘拘自好何爲生計師曰吾非無求于人藉舌耕硯席以供朝夕耳於

是親舊重其人每年假館授餐率生徒以教之脩脯雖薄得給饘粥焉嗟乎世之蒙師不少子弟甚多誰不欲幼學壯行優入希聖希賢之域豈知師傳不善朝誦夕忘嘗見人家讀書子弟一兩年後指示讀過字義茫然如夢妄望四書五經百家子史之字皆識其貽譏於大方豈少哉夫蒙童不先識字習慣口傳遷延强記自哄自愚猶人之病根不療終爲患害良可痛惜吾師啟迪有方循循善誘歷數十年館課之餘合纂村學黨塾教習之大同及學庸論孟五經古

文左史必讀之文必用之字摘錄成帙分爲五卷去同留異註疏明白如珠穿綫如針補衮一目瞭然此養蒙針度之所由始也余少受業師門得其書遵其教授弟子入門執贄將開讀之書圈出該識之字另寫方塊頭隨資質之高下而多寡誨之識到二百字紮成一綑編號至什百綑温故增新遺忘有戒殆四聲既別千萬純熟俾披閱之下不用耳提面命俱能了了或天分稍鈍已能口誦心唯可免別字舛訛之誚豈不甚善凡例六條列於卷首由漸而施毋紊次

序是編耑爲養蒙起見纂錄未備挂一漏萬惟高明
者諒之若謂幼學津梁入門捷徑則敎亦多術實不
外是凡爲人師者固不能强而同之宜各置一編于
座時時翻閱不懈工夫雖不窺四庫之藏而黨庠學
校之門得以升其堂奧矣是爲序

旹

雍正十三年歲在乙卯如月元和孫蒼璧容文氏書
於粤西平樂郡齋

養蒙針度凡例六條

一童蒙初授之書隨父兄之命無論村鄉家塾每以三字經百家姓千字文等書教起取其字句短少易於入口故方塊頭字必圈出先認焉

一方塊頭字用好皮紙以毛邊紙糊褙每張取方均裁八條每條裁八字共得六十四字多褙備用積二百字成綑編寫一號至什百號每日將該認生字或五六字或十數字箇個要依正韻端楷開寫并將本字古體以及俗用省筆之字添寫四旁音義既圖如天地之天旁寫古體兲兲[illegible]

靝同地字旁寫古體埊同其餘省筆俗寫之字悉皆倣此務須熟認以供他日博覽

一童蒙資質不同各有分量凡認過之字容易成綑積二百字將紙線收束毋令散失每日午後挨次拆理一綑或有遺忘隨手揀出另置一處作次日生字再認逢三六九日歸嵌原號則次序井然字字理熟矣若鈍資每綑遺忘至二十字以外薄責不免

一童蒙從師肄業不出句讀小書如三字經百家姓千字文之類其學庸論孟經史諸書由漸而來全在日積月累工

夫先將一切典謨訓誥必讀必用之字認識精熟則奇文異字兩京三都童而習之過目不忘加之解釋辯疑勤勤不已孜孜弗輟受者專心誨者不倦久而久之引伸觸類悟竇自啟譬諸通津八達江海朝宗汪洋浩瀚左右逢源何患學業不精

一養蒙字不滿萬分爲五卷上資不肯自怠易于奏功初則單認本字次則解釋音義三則音義明曉則循其次序講貫經書帶讀古文究畫餘力作文復何難哉

一世家子弟家有傳經讀書便易其中或習一經或讀兩經

五經全讀者十居二三是以嚴其互異重見必刪至叶音圈聲之字一一具錄或謂

聖朝康熙字典海篇字彙正字通諸書何字不詳而予獨緦緦焉不憚煩必欲養蒙針度之問於世也余則曰童蒙散處村鄉城市雖云一樣讀書而有貧富之不同力量之厚薄購書之難易總不若養蒙之價廉工省朝買夕歸置諸案頭便於讀書識字余本無知夯陋見聞未廣今老矣恐師教無傳故付梓以表其苦心信如或人必將字典海篇字彙正字通之咸備乃可開蒙認字不亦舍易而就難也夫

養蒙鍼度卷之一

虞山潘子聲先生手定

長洲受業孫訾璧卜山甫
湘潭後學陳樹芝醒我甫　校刊

三字經

人音仁萬物之靈又冠名之稱之音芝助語辭又往也適也初音芻始也性音姓理也命也本音畚木下曰本善音鱔良也譱同相音箱共也省視也又去聲近音僅附近之近本上聲習音襲鳥數飛也又串習慣熟也又姓郡東陽遠遥也遼也遐也凡遠近之遠上聲遠離之遠去聲苟音狗苟且草率也又誠也不弁入聲非也未也又弗浮覆三音教音較訓也又平聲乃

辭之緩也迺同遷音干徙也謫也又去下之高也道音稻理也路也直也衞同貴音桂導也位高也貧同以音苡用也與也吕同專音磚壹也獨也擅也顓耑同昔音錫往日也前代也昝同孟長也勉也又姓郡平昌母音畝俗讀馬乳也又慕也嬰兒所慕也擇音澤揀選也擇同隣音鱗比也鄰同處音褚居也止也又分別處置曰區處女子未嫁曰處子士未仕曰處士處處同子音紫嗣也又歲在子曰困敦學音鷽效也法也又庠序斷音段截也又短鍛二音斷斷同機音基機杼機械又巧術也机同杼音署機杼又音柱竇音豆鬭垣爲孔又姓郡扶風燕音烟國名又姓郡范陽本音晏山音删有石曰山有音友有無又去聲義音異事之宜也又節行也方音妨術也正也又姓郡河南五音伍數名名音明諱也又聲譽也俱音居偕也具也揚音羊顯也譽也發也養音癢育也又音漾養同父音輔家嚴也過失誤也超越也罪愆也又音戈嚴音炎威也

龍也又姓郡天水俗讀作師音尸衆也範也又姓郡太原惰音墮怠也不恭也又音妥非音妃不是

所指物之辭又攸也方所也處所也听同宜當也適理也宜同幼小也弱也老音潦年長

也何音河誰也又姓郡高陽爲音韋造也為同玉音獄石之精細美者琢音卓治玉石也

成音城就也又姓郡上谷器音氣器皿器同知音蜘曉也少小也本上聲時音詩

辰也又姓郡隴西峕同親愛也戚也近也友音有朋也善兄弟曰友禮音理天理之節文人事之

儀則儀音夷容也法也香音鄉氣芬芳九音久老陽數九者究也玖也齡音零年齒也

能音獰工善也勝任也又姓郡太原又音奈獸名溫音瘟和也暖也又姓郡太原席音蓆重曰

筵單曰席又姓郡安定孝善事父母於音迂爰也又姓郡京兆亦作于當音璫理合如是也又音鐺

執音汁持也守也操也融音容和也明也又姓郡南陽四音賜數目肆同歲音碎十二月爲

一歲歳同

讓音攘遜也責也

黎音黎果名梨同

弟音苐善事兄長爲弟又豈弟樂易也悌同本上聲兄弟也

長音掌凡齒高位尊皆曰長又生長長養又蠻夷君長

先音仙前也又去聲

首音手元也始也首同

次音刺次第也

見音建覩也

聞音文耳受聲也又姓郡吳興

某未定之辭又代名也

數音素計也又上聲数同

識音式知也認也

文音聞文章又姓郡雁門

一音乙數之始壹同

而音兒汝也又助語發端之始

百音栢數十也亦作伯

十數之終拾同

千音阡數百也

萬音曼數千也又姓郡扶風

三音叅叄同又去聲

才音材能也

者音赭語助辭又別物之辭

天音添輕清陽爲天萸兖兂同

地重濁陰爲地埊同

光音洸明也輝也炛同

日音晭太陽之精又人君之象也

月音軏太陰之精又母后之象也

星音猩五緯列宿之總名

綱音岡紀綱

君音軍主也天子也

臣音陳臣子又主臣惶悚也

夫音孚大夫丈夫

婦音附服也服事於夫

也頌同

順 往也和也不逆也 **曰** 音悅語也謂也 **春** 音椿四時之首 **夏** 音暇暑時也又

姓郡會稽 **秋** 音鰍萬物收斂之時又姓秌龝同郡天水 **冬** 音東藏也四時之末 **此** 音玼彼此此同

運 音韻行也轉也動也用也又五運五行氣化流轉之名 **窮** 音笻極究也竟也穷竆同 **南** 音男屬火

北 音伯屬水 **西** 音栖屬金兌同 **東** 音冬屬木郡平原又姓 **應** 音映物相應又姓郡汝南又音

英 **乎** 音胡疑辭又語之餘也 **中** 音忠不偏不倚無過不及之名 **水** 天一生水又姓郡吳興

火 音伙燒也 **木** 音沐冒也冒地而生也 **金** 音今五金黃爲之長又姓郡彭城 **土** 音吐后土

取厚載之義 **行** 音珩步也又杭幸吭三音 **仁** 音人惻隱之心 **智** 音致慧也知同 **信** 音迅誠也

循物無違謂信 **常** 音嘗經也又姓郡太原 **容** 音庸威儀也包含也又姓郡燉煌 **紊** 音問紊亂也

稻 音道稌也 **粱** 音良美穀 **菽** 音叔大豆也 **麥** 音脈麰也有三種 **黍** 音暑黍稷

稷音卽穀神六音祿數也亦作陸穀音谷稻實又善也穀同食音蝕饌也茹也馬
音瑪乘畜又姓郡扶風牛音尤耕畜又姓郡隴西羊音陽柔毛畜又姓郡太山鷄音基司晨鳥也
雞同犬音畎獵狗豕音始彘名畜音觸六畜又音旭飼音寺飤也養也喜音嬉欣也
悅也憙同怒恚也又憤也哀音埃閔也悲也懼音具怖也恐也惧愳同愛音曖悅也慕也
寵也惡音汚恥也憎也悪同欲音浴貪也倩也愛也願也七音漆少陽數柒同情音晴性之
動處是情具音懼備也辦也器也具同匏音袍瓠也革音格獸皮又變也更易也石音食山骨
又量名數容十斗郡彭城又姓與音宇許也授也与同又子預二音絲音司蠶所吐竹音竺菉竹
八少陰數捌同音音陰聲成文也高音羔崇也上也遠也又姓郡渤海曾音增高也又姓
郡魯國又音層祖音組始也法也本也又餞行曰祖道取徂送始行之意又姓郡范陽身音申體也孫

音孫子之子又姓郡樂安**自**音字己也又所從來也**至**音志到也極也**玄**音懸妙也遠也**族**

音俗自高祖至玄孫爲九族**倫**音淪文也等也理也**恩**惠也澤也愛也**從**就也順也又姓郡汝南

兄年長爲兄**則**法也凡制度品式皆曰則**弟**年少爲弟又去聲**恭**音弓肅也敬也**序**

音緒學名又堂東西廡也**朋**音彭同類也朋比也**敬**音竟恭也肅也謹也**忠**音中盡己之心**同**

音童合也共也亦作仝**凡**音帆庸常也大槩也**訓**誥也誨也訔同**蒙**音艨覆也承也冡同**須**

音胥待也意所欲也又姓郡東海**講**音港論也究也和解也**究**音救窮也推尋也畢竟也**詳**音祥

審也語備也**詁**音古訓詁**明**音名光也通曉也神靈也**句**音倨文詞斷處**讀**音豆凡經書成

文語絕處曰句語未絕而點分以便誦讀曰讀**必**音畢定詞決詞瓜同**小**微也細也**終**音中窮也極也

又姓郡南陽**書**音舒寫也籍也**論**講議也**語**音敔論難也答述也**二**地數二貳同

篇 音偏簡成章也

羣 音裙衆也聚也群同

記 音季誌也

言 音延自言曰言又姓

止 音址息也已也屈也

德 音悳善美純懿之稱

說 告也述也又所論之詞

作 爲也起也振也作同

庸 音容常也用也

孔 穴也甚也又姓郡魯國

伋 音汲伋引又子思名

偏 音篇頗也側也

易 音亦經名神妙不測也變更也又姓郡太原

大 音代小之對也又泰惰二音

修 音脩整也飭也葺也理也

齊 音蠐整也等也又姓郡汝南又咨齋二音

平 靖也不敵也又姓郡河南

治 音稚理也功效也亂同

經 音涇京也常也過也縊也又經綸經理經常經畧六經九經大經又音徑又織布帛有經緯之語也又姓郡范陽

通 音遙達也又姓郡西河

熟 音孰生熟

如 音茹似也肖也若也

始 音豕初也

可 音軻許也肯也又僅足之辭

讀 音獨誦讀

詩 音師志發於言

號 音号令也謚也又音豪

求 音仇覓也乞也

連 音漣合也續也又姓郡上黨

歸 音圭還也歸同

藏 凡物自隱曰藏又去聲

周

音州密也旋也又姓郡汝南 典主也經也 謨音模謀也 誥音告詔也 誓音筮盟約信也
命敎也名也告誡也命令也侖同又音漫 奧音懊深也又室西南隅爲奧 我己也 姬音基
美女之稱又姓郡南陽 公音工無私心也 著音注明也彰也紀述也昭著也 存音蹲有也省視也恤
問也 戴音帶佩也頂荷也又姓郡譙國 註音著解釋之辭 述音術傳舊又譔也 聖音勝過化
存神謂之聖 樂音岳五音六律 備音倣具也辦也備同 國音郭小曰邦大曰國又姓郡下邳國囯同
風音封天地之氣 雅正也常也 頌音誦稱述也 諷音俸誦也微剌也風同 詠音咏
謳吟也咏同 旣音季已也盡也 亡音忘無也又音无亾同 寓音遇寄也託也 褒音褒獎也
貶借音扁謫也抑也減也 別音鱉辨也分也 惡不艮也 傳音篆凡史書紀載事迹曰傳又
音遄 左戾也人道尚右非正之衛曰左道又姓郡濟陽 氏音士姓氏 梁音艮棟也橋也又姓郡安定

撮 六斗四黍爲圭四圭爲撮又蹙聚而稍取也
其 音淇指物之辭又雜寄二音
要 欲也又音幺
事 音侍大曰政小曰事
荀 音恂草多又姓郡河內
楊 音陽木名又姓郡宏農
及 音笈此也至也又兼與之辭
莊 音庄嚴也端也齋肅也又田舍六達之路曰莊又姓郡天水
諸 音朱眾也於也又姓郡瑯琊
史 音使掌文書又姓郡京兆
考 音栲校也稽詧也攷同
世 音勢三十年爲一世
系 音係緒也繼也聯屬也
羲 音希伏羲氏
農 音儂闢土植穀曰農又姓郡雁門
黃 音皇中央色又姓郡江夏
帝 君也
皇 音黃大也
居 音拘室也止也又姓郡渤海
上 音尚崇也尊也又上聲
唐 音塘國名又姓郡晉陽
虞 音禺度也備也娛也又姓郡陳留
揖 音邑拱也讓也
遜 音巽順也辭避也謙恭也孫同
稱 音偁揚也道也穪同又去聲
盛 音晟茂也大也又姓郡廣陵又音成
禹 音宇夏王號又姓郡會稽
商 音殤行賈也裁度也
湯 音鏜熱水又姓郡中山
武 音舞威武又姓郡大

原

王　君也主也天下歸往謂之王又姓郡太原又去聲

傳　音椽授也布也又去聲

家　音嘉居也又姓郡京兆又音姑

下　音夏上下之體

載　音宰年也始也又音再

社　音捨土神

伐　音罰征伐又自稱其攻曰伐

紂　音宙殘義損善曰紂

誅　音朱責也戮也

最　音醉尤也優也冣同

長　音腸短之對也久也遠也長同

久　音九悠遠也

轍　音徹車輪所輾跡也

墜　音槌隕也

遷　音騁放也快也

干　音肝盾也求也又姓郡潁川

戈　平頭戟又姓郡臨海

尙　音上加也崇也庶幾也又姓郡上黨

游　音由優游自如貌又姓郡廣平

說　音稅以言諭人使之從已也

戰　音顫鬥也恐懼也

霸　音霸以力假仁曰霸伯同

強　健也暴也又姓郡太原彊同

雄　音熊羽屬之父

出　音黜往也

嬴　音盈地名又秦姓

秦　音螓

兼　音蒹並也并也兼同

并　兼也併同

楚　音礎國名辛酸痛楚也

漢　音熯天河又水名

爭　音箏競也辨也鬬也理也

興　音馨起也作也又去聲

業　音鄴凡所

攻者曰業 建音見立也置也 莽音蟒草莽 篡逆而奪取曰篡 年歲穀熟曰年唐虞曰載夏曰歲

商曰祀周曰年秊同 獻音憲進也呈也賢也獻同 魏音僞國名又象魏闕也象者法象也魏高嵬也又姓郡鉅

鹿 蜀音孰巴蜀西川地名 吳音吾國名又姓郡延陵 鼎音頂法象寶器鼎同 迄音肹至也

兩音仰十錢爲兩兩同 晉音進國名上也 宋音送國名又姓郡京兆 繼音計續也紹也繼同

陳音臣列也布也又姓郡潁川 承音成奉也受也 朝音潮人君昕旦視政聲覲爲朝 都音鄀

王者之居又姓郡高陽 陵音凌大阜曰陵 元音原善之長也又首也又姓郡河南 分音芬剖也與也

十釐曰分 宇音羽上下四方曰宇寓同 迨音殆及也逮也 隋音隨國名楊堅封於隨後有天下以周齊

之間奔走不遑盬處去辵作隋本音惰 再音載復也兩也又也仍也 失音室遺也錯也 統音桶總也

系也綱也撫御也 緒音序絲端又基緒統系也 起音豈始也興也 除音滌減也又去也階也

亂錯亂乱同創音愴造也孟子創業垂統㓉同又昌滄二音基音朞業也址也始也滅音蔑

沒也絕也火熄也改易也更也代音袋更也世也皆音偕俱也由因也從也繇同炎

音簷熱也熾也火光也受音壽取也須也承也容受也禪音蟺封禪築土曰封除地曰禪祭天地也又代

也傳與也混音渾濁也又混沌洪荒時也全完全又姓郡京兆在存也居也所也茲音咨

此也載音再承也勝也詩上天之載衰減也微也耗也弱也實音失虛之對又誠也驗也是也寔同

錄音六采也收拾也揀束也古音估前代又姓郡新安今此時也若音弱如也順也又預

及之辭目音木明目節目條目口嘴也易兌爲口誦音頌諷誦又公言之心心肺神明之舍

惟音維獨也唯同朝音昭旦也又朝鮮國也斯音司此也即也又語已辭夕音汐暮也

仲音重中也次也又姓郡中山中同尼音泥和也又山名項頸後又姓郡太原槖音託

無底曰橐

賢 音弦善也能也贒同

勤 音芹勞也又孜孜也

趙 音光國名又姓郡天水

令 音另善也法也命也律也

魯 音櫓愚也又姓郡扶風

彼 音俾對此之稱

仕 音士爲官也又音侍

且 發語辭又未定之辭又姑且苟且

披 音批散也開也又㫄持曰披荷衣曰披又音敲震懾貌

蒲 音莆州名草名又姓郡河東

編 音邊簡也又以繩連次物也

削 刮削

簡 [illegible]也要也選也忽慢也分明也手版也又姓郡南陽柬同

無 音巫不有旡无同

勉 音免勤也勗也懋也強也

頭 音投首也

懸 音玄挂也縣同

錐 音追銳也又縣如鑽

刺 音賜殺也又諷刺譏切也

股 音古髀也

苦 音楛困悴也辛楚也

囊 袋也有底曰囊

螢 音營俗讀雄腐草所化

暎 音應明相照也暎同

雪 音憏凝雨又洗也

雖 音綏雖然

貧 音頻窮也

輟 音拙止也歇也

負 音附倚也恃也又受貸不償背恩忘德皆曰負

薪 音新柴也

掛 音卦懸也挂同

角 音桷頭角又競也棱也

勞 音牢疲也勤也事功也又

姓郡松陽猶音由似也又猶豫不決也卓音琢高也特立也又姓郡西河蘇音酥紫蘇草名扶蘇木名

又姓郡武功泉音全水源發音髮起也興也蕟同奮音僨揚也又鳥張毛羽籍音寂典籍

簿書也又姓郡廣平悔音誨悛改也又音晦遲音墀緩也久也爾音耳汝也尒同生音性生長

又平生也早音找朝也蚤同思音司念慮也又去聲灝音浩水勢遠也對音碓配也答也應也

廷音庭朝廷也魁音奎斗首四星也多衆也重也過也夥同士音仕儒者學以居位曰士

又士卒衆音中多也異音義奇也分也怪也异同立音苙建也成也志音至意之所向也

瑩音縈玉色又音鎣泌音畀水名賦音富稅也又敷陳其事而直言之也棊音其奕子碁同

穎音穎禾末也穎同悟音晤心解貌奇音其異也詭也又音基效音傚驗也傚也學也

劾同蔡音菜國名又姓郡濟陽亦作大龜辨音辯別也又淋之幹也定也易剝淋以辨辯同琴音芩

琴瑟琹同謝音榭辭也絕也退也又彫容曰謝拜賜曰謝致仕曰謝又姓郡陳留韞音慍藏也石韞玉而山輝

吟詠也哦也玲唫同女音語未嫁之稱又汝寓二音聰音匆察明也又耳徹也敏音閔

聽也捷也男音南子也又五等爵名警音景寤也戒也巡警也劉音流殺也又姓郡彭城鐂劉同

舉音柜用也動也晏音宴安也日旰也又姓郡平陽神音辰鬼神精神童音同未冠之稱又姓

郡睢陽正音政直也中也字音自蒼頡始又撫也愛也養也又許嫁曰字已音矣止也畢也

致音緻極也到也使之至也亦音弋又也又旁及之辭是音市非之對也又音侍昰同守

音手固守而勿失之也又音狩夜音暮也宿同司音思坐守也又姓郡頓邱晨音辰昧爽也曷

音遏何也蠶吐絲蟲蚕同吐音土出也嘔也又音兎蜂音風螫人飛蟲蠭螽同醲醞酒

為醲蜜音密蜂糖又蟲名物音勿萬物壯強也盛也碩也大也澤音擇恩澤也又水聚曰澤

民音旻氓也氓然無知也聲音升音也声同顯音蜆光也明也顯同前音錢先也進也歬同

垂音椎自上縋下垂同後音厚本在後也又姓郡東海遺音夷失也亡也遺同滿音懣足也

充也又姓郡河東籯音嬴竹也功音工以勞定國曰功戲音羲嬉也謔也戯同益音億增也

進也又姓郡馮翊戒音介警也勅也又齋戒也哉音栽始也書哉生明又嘆辭疑辭力音歷勇也

氣所任也

百家姓

錢音前十分曰錢又姓郡彭城李音里果名亦作行㮚也郡隴西鄭鄭重頻煩也郡滎陽馮

音逢馬疾行郡始平又音平褚音杵絮衣郡河南衛音位捍也護也郡河東衞同蔣音獎地名

郡樂安又音將水草沈音審國名郡吳興韓音寒國名郡高陽朱音絑赤色郡沛國尤

音由過也責也甚也郡吳興**許**音詡可也容也約與也郡高陽**呂**音侶大呂陰律名郡河東**施**音詩用也郡吳興又音异**張**音章大也夸也郡清河**曹**音漕事同曰曹又局也羣也郡譙國**華**山名郡武陵華同又音話又平聲**陶**音桃瓦器郡潯陽又音姚**姜**音薑齊國姓郡天水**戚**音桼親也憂也郡東海**鄭**音鄭邑名郡范陽**喻**音預曉也告也譬也郡江夏喻同**柏**音百木名郡魏郡柏同**章**音張明也采也文也郡河間**雲**音云山川氣郡瑯琊**潘**音拚地名郡滎陽**葛**音割葛藟可以爲布郡頴邱**奚**音兮何也郡譙國**范**音犯草名郡高平**彭**音朋行也道也盛也又鼓聲郡隴西又旁邦二音**郎**音狼男子之稱郡中山**韋**音爲柔皮也郡京兆**昌**音菖善也盛也郡汝南**苗**音描秧也郡東陽**鳳**音奉靈鳥牡曰鳳郡平陽**花**音苍萼也郡東平華同**兪**音余然也答也樂也郡河間**任**音壬擔也又國名郡樂安本音紝**袁**音員州名郡汝南**柳**音畱楊之下垂

者郡河東柳同
酆音風酆都郡京兆
鮑音抱饐魚也郡上黨
費音廢用之廣也郡江夏又音祕
廉音簾潔也郡河南
岑音涔山小而高郡天水
薛音洩莎也又國名郡天水
雷音縲陰陽薄動之聲郡馮翊靁同
賀以禮物相慶曰賀郡廣平
倪音梘小兒也郡千乘
滕音藤國名郡南陽
殷音因衆也盛也郡汝南殷同
羅音蘿綺羅也鳥罟也郡豫章
畢音必盡也又宿名郡河間
郝音壑邑名郡太原
鄔音塢地名郡潁川
安音鞍樂也定也郡武陵
樂音洛喜悅也郡南陽本音岳
于音余於也郡河南又音虛
傅音付師也相也郡清河又音附
皮音疲膚也革也郡天水
卞音弁手搏爲卞郡濟陽
康音糠安也和也樂也盜也又道五達謂之康六達謂之莊郡京兆
伍音五行伍郡安定
余音于我也郡下邳予同
卜筮也郡西河
顧音故回視也眷也郡武陵頋同
和音不諧也郡汝南龢同又音賀
穆音木順也和也郡河南
蕭音宵艾屬郡河南

尹音引治也正也郡天水姚音堯美好貌郡吳興邵音紹高也郡博陵召同湛音暫清也
又露氣盛貌郡豫章又音耽汪音尪汪洋浩瀚貌郡平陽祁音其大也徐也郡太原祁同毛音旄
毫毛眉髮之屬郡河西狄音笛北蠻郡天水米音敉脫粟郡京兆貝音背海介虫又寶也郡清
河臧音贓善也厚也又臧獲奴婢也郡東海計音繼算也籌策也郡京兆伏音服匿也郡太原
談音譫語也郡廣平茅音猫草名郡東海龐音旁面龐又高屋郡廣平熊音雄獸似豕美
在掌郡江陵紀音己維也又十二年爲紀郡平陽舒音書伸也緩也郡京兆屈音缺當讀橘俗
音玦曲也郡渤海又音掘祝音竹亨神辭郡太原董音懂督也正也郡隴西杜音歔杕杜郡京兆
阮地名郡陳留藍音籃染青草郡汝南閔音敏傷也憂也郡隴西憫愍同季音記少者之稱
郡渤海痲音蔴芒屬郡上谷痳同賈音假地名郡武城又價古二音路音略道也郡內廣

婁音樓宿名郡譙國又音閭危音鬼宿名又險也隤也高也殆也疾遽不安也郡晉昌江當讀姜俗

音缸川之大者曰江郡濟陽顏五色也郡魯國郭音槨內曰城外曰郭郡太原梅音枚果名郡汝

南甯同林音臨平上有叢曰林郡西河刁音貂險也又行軍有刁斗晝吹夜擊郡弘農鍾音中

量名郡潁川徐緩也安也郡東海丘音坵土高曰丘郡河南駱音洛駱駝郡內黃田

音畋土已耕者又獵也郡雁門樊音煩樊籠郡上黨胡音乎何也夷也郡安定凌音陵冰也詩納

于凌陰郡河間霍音藿國名郡太原支音之取也十二辰名郡郃陽柯音哥斧柄又幹也郡濟陽

昝音蹔地名郡太原管音館樂器又筆彊也郡平昌盧音蘆湛盧劒名郡范陽莫無也

郡鉅鹿又音暮房音忘宿名又室也郡清河裘音求皮服郡渤海繆音妙郡蘭陵又謬穆二音

解音懈曉也郡平陽又假戒蟹三音宗音棕族也郡京兆丁音釘干名歲在丁曰彊圉又零丁孤

苦也俗作伶仃又男子十六歲成丁又丁盜郡濟陽叮同宣音瑄布也召也郡始平賁音昇飾也大也又卦名郡彭城鄧音蹬國名郡南陽郁音澳文盛貌又馥郁香濃也郡黎陽單音善單父縣名郡南陽又丹蟬二音杭音航越州名郡南安洪音紅大也郡燉煌包音苞裹曰包又含穎也郡上黨崔音催山高郡博陵又崔嵬吉音姞善也休祥也郡馮翊鈕音紐印鼻鏡鼻弩鼻郡吳興龔音宫慤也郡武陵程音呈品也式也限也期也郡安定邢音形國名郡河間滑音猾利也郡下邳又音骨裴音培衣長貌郡河東榮音縈華也茂也郡上谷又音縈翁音蓊老者之稱郡錢塘惠音蕙仁也恩也賜也郡扶風甄音眞陶也郡中山又音堅麴音曲酒媒也郡吳興封音風贈也建也閉也郡渤海芮音蚋草生貌郡平原羿音乂羽箭也羿以工射爲義郡濟南儲音除待也貯也郡河東靳音僅固也吝也郡西河汲音伋取水又汲汲不休息貌郡清河邴音丙邑名郡平陽糜

音靡粥也爛也郡平陽松音嵩木名郡太原井市井邑居爲市廬居爲井又泉井荀子井井兮其有條理

也又往來連屬貌易往來井井郡扶風段音斷體段片段款段郡京兆富音付豐于財也郡濟陽

巫音無祝獻者郡平陽烏音嗚黑也又反哺之鳥郡潁川焦音蕉傷於火郡中山巴音芭巴蜀

地名郡高平弓音宮川以射也郡太原郗音希骨節間也郡山陽郄同又音絺班音斑列也布也

郡扶風仰音舉首望也郡汝南伊音衣因也維也又鬱伊不舒貌郡太原宮音弓天子內室又五

音中聲郡太原牧音木守養之人郡宏農隗音危高也郡餘杭又音頠谷音穀高岸爲谷郡上谷

車音硨輿輪總名郡京兆又音居侯音餱王制以射中者獲封爵故因謂之諸侯郡上谷侯同宓音伏

郡平昌又音密逢音芃蒿也又盛貌詩其葉逢逢郡譙國甯音佞邑名郡齊郡甯同仇音求匹也

又讐怨也郡南陽逑同欒音巒木似蘭郡河東暴音鮑猛也急也郡魏郡虣同甘音柑甜也快意

也郡渤海鈄音斗上聲地名郡河西厲音戾烈也病也嚴正也郡平陽戎音戩兵也郡江陵
符音扶証也合也郡瑯琊景音警光也明也仰慕也郡晉陽詹音占擇也至也多言也郡河間
束音叔縛也郡南陽龍音籠鱗蟲之長郡武陵竜同葉音葉枝葉郡南陽幸音倖謂有
不當得而得者郡雁門韶音韶平聲舜樂凡和樂之音皆謂之韶書簫韶九成又春色世謂之韶光亦取陽和之義
郡太原郜音告國名郡京兆黎音黎黎民黑髮之人郡京兆薊音計州名草名郡內黃
薄音泊厚之對又迫晚曰薄暮郡雁門印印章刻文合信郡馮翊宿音夙止息也郡東平宿同又音
秀白音帛素也明也告也郡京兆懷音淮念也胸也郡河內郃音台有郃氏國名郡平昌
鄂音愕周叔虞所封之國郡武昌索音擦荒也盡也繩也散也紉也又蕭索縈紆貌郡武成咸音銜
皆也悉也郡汝南又卦名賴音籟依也恃也郡潁川藺音吝莞屬可為席郡中山屠音徒割也裂也

郡陳留

池 音持停水處方曰池郡河西

喬 音橋高也郡梁國

陰 音暗闇也陽之對也郡始平

鬱 音菀抑也郡太原鬱同

胥 音須相也皆也郡瑯琊

蒼 音倉深青色又穹蒼天也郡武陵

雙 音霜偶也郡天水雙双同

莘 音甡地名伊尹耕處郡天水

党 古黨字亦作儻或然之辭董仲舒傳党可得見乎郡馮翊

翟 音狄江淮之間謂雉青質五色皆備曰翟又厭翟后車揄翟闕翟后服也郡南陽

譚 音覃大也郡宏農又談同

貢 獻也荐也奉也郡廣陵

逄 音旁孟子逄蒙學射於羿郡譙國

申 音紳重也伸也容也闡也時也太歲在申曰涒灘郡魏郡申同

扶 音芙持也助也又扶蘇木名郡京兆

堵 音睹垣也五版為堵郡河南

冉 音染弱也郡武陵

宰 主也制也烹也屠也郡西河

酈 音歷地名郡新蔡

雍 音壅和也詩於變時雍郡京兆

郤 音却不受而還之止也退也郡濟陽

璩 音蘧環屬郡黎陽

桑 音喪木名蠶食其葉又扶桑日出處空桑山名窮桑地名郡黎陽

桂 音貴木樨郡天水

濮 音僕

水名郡魯國壽音授壽考郡京兆又音受邊音編側也陲也旁也郡隴西扈音戶尾也郡京兆

冀音既欲也又北方州名郡渤海兾同郟音夾地名郡天水浦音溥水濱郡京兆別异也

離也訣也郡京兆柴音豺薪也郡平陽瞿音衢鷹隼視郡松陽閻音炎里門郡太原閆同

充音冲滿也郡燉煌充同慕音慕思也係戀也郡燉煌茹音如相牽引貌郡河南又孺汝二音

宦音患仕也又閹宦郡中山艾音碍草名可灸病又頤艾養育也少艾美好也幼艾少長也郡天水魚

音漁鱗物郡隴西向音餉國名郡河內又音鄉慎音謹也審也郡太原眘同傳眘勿燎廖音療寂也

郡武威庾音禹露積也郡濟陽暨音吉郡渤海宋元豐中進士暨陶郎三國時吳有暨豔之後又音季及也

諸暨邑名衡音行權衡持冠者曰衡左傳衡紞紘縱又車轅曰衡郡雁門俗讀曰恆步音捕徐行郡黎陽

耿音梗介也明也不安也郡河東弘音宏寬廣也郡太原匡音筐正也郡晉陽寇音扣賊也

讐也郡上谷廣闊也大也闊也播也郡高陽祿音六俸也郡扶風闕音屈失也過也又宮門郡
下邳歐音謳地名郡平陽殳音殊兵器郡武功沃音渥灌也郡太原利音吏息也宜也
順也郡河東蔚音尉姓蔚又文盛貌郡琅琊又音鬱越音曰過也超也又國名郡晉陽夔音葵舜典
樂官又獸似牛一足無角皮可以面鼓又山鬼郡京兆隆音龍豐也盛也郡南陽鞏音拱固也郡山陽
厙音舍郡魯國聶音躡附耳小語郡京兆晁音潮虫名郡京兆晁同勾音鈎除也郡平
陽敖音熬游也郡譙國又音傲冷令上聲寒也清甚也郡京兆訾音子不善貌郡渤海又咨慈二
音辛音薪辣也又歲在辛曰重光郡隴西闞音瞰視也闞也郡天水那何也郡天水又音娜
饒音蕘豐也穎免也郡平陽空音悾虛也郡潁上又孔控二音毋音無禁止之辭郡鉅鹿沙
音砂水散石郡汝南乜音彌眼乜斜郡晉陽鞠音菊育也告也曲也郡山陽豐音風盛也登也郡平

陽

巢 音漅鳥在木曰巢在穴曰窠郡彭城

闞 音鰥扁也塞也郡隴西閼同

蒯 音快菅蒯草可織席左傳雖有絲麻無棄菅蒯郡襄陽

相 助也視也償也郡西河本音箱

查 音柴藥滓郡齊郡本音槎察也相同

荊 音京木名郡廣陽

紅 音虹赤色郡平陽又音公女工

竺 音竹天竺西域國名郡東海

權 音拳攝官量輕重也郡天水

逯 音六行謹也郡廣平

蓋 音蛤采地郡汝南本音蓋

桓 音完桓桓威武貌諡法辟土服遠曰桓又盤桓行不進也郡上國

万 音陌亦作萬

俟 音其万俟郡蘭陵本音似

官 宦也職也又上官郡天水

陽 音羊太陽又歐陽郡濮海

甫 音府始也美也又皇甫郡京兆

尉 音苑尉遲郡太原本音畏

澹 音淡澹泊恬靜也又上聲

臺 音苔四方而高曰臺又澹臺郡太原

冶 音也鑄也又裝飾也易冶容誨淫又公冶郡魯國

政 音正以正理立典常法又尔政郡彭城

湻 音醕朴也厚也又湻于郡海內

太 音極也至也

叔 音束父之弟又太叔郡東平

軒 音掀車曲輈也又廂房也

轅 音猿車輪

又軒轅郡部陽狐音平妖獸又令狐郡太原離音漓別也又卦名又鍾離郡會稽又去聲鮮音先明也新也又鮮于郡汝陽又上聲閭音櫚里閭周禮五比爲閭二十五家也又侶也居也又閭丘郡潁川徒音圖空也隸也步行也又司徒郡趙郡

千字文

宙音紂往古來今曰宙荒音肓歲不熟也荒同盈音楹滿也昃音仄日斜在酉也辰音晨三辰日月星也又時也歲在辰曰執徐又人言不辰者不時也宿音秀列星本音夙古作宿列音烈行次也陳布也寒音韓冷也來音萊至也又姓暑音鼠炎熱也往音枉去也行也昔也收藏也納也閏音潤餘月餘音余多也殘也豐也律音繂呂律有六又刑書也調音條和也又去聲騰音縢躍也升也雨音羽蒸爲雲降爲雨露音路現也月令陰之液結音子締也

霜 音雙露凝如雪 麗 音戾美也華也光明也 崑 音昆崑崙山名崐同 岡 音剛山脊曰岡俗作崗 劍 兵器劍者檢也所以防檢非常劒同 巨 音苣大也 珠 音朱蚌之精也 果 音裹決也勝也又木實菓同 珍 音真寶也重也珎同 柰 音耐木名 菜 音蔡蔬也 重 音仲厚重輜重尊重脊重 芥 音介辛菜 薑 音姜菜名辛而不葷 海 音醢滄遠冥昧之稱又姓 鹹 音咸煮海為鹹文鹹味 河 音何江河 淡 音澹無味又去聲 鱗 音麟魚甲 潛 音旋藏也潜同 羽 音宇翼也 翔 音詳回飛又行而張拱也 鳥 音裊禽總名鳥同 制 音製法禁也守恩也 服 音伏事也習也又衣服也 衣 音依上曰衣又去聲 裳 音常下衣曰裳 推 音蓷讓也擠也木音崔 位 音謂爵名 弔 音釣哀死也吊同 罪 過也犯法也辠同 坐 止也挫也骨節挫屈也又音座誣告曰反坐 問 音汶訊也究也聘也 拱 音鞏斂手也 育 音欲養也毓同 羌 音蜣西夷名 遐 音霞

遠也邇音爾近也迩同率音蟀領也遵也帥同賓音濱客也恭也賔同鳴音名聲也駒音拘馬三歲場音長除地爲場亦作塲化造化教化變化被及也覆也又音陛寢衣也草音艸百卉總名屮同蓋音丐疑辭又覆也盖同髮音發毛髮豈非然之辭又音愷敢音[illegible]忍爲也毀音卉壞也虧也又去聲傷音商損也悼也慼也貞音禎正而固也烈音列猛也

良音涼善也長也又曰良久得音德求之而獲也忘音亡失於記也罔音網誣也無也又無知貌短音促也不長也靡音[illegible]無也又上聲恃音市依賴也又音侍己音几我也歲在己曰屠維使音史令也役也又音試覆音福反覆又否去聲難艱也不易也量音良槩度多少也又去聲墨音嘿黑也膠煤爲之悲音卑哀也慼也染音冉染色讚音贊稱美也囋同

羔音高羊子維音惟繫也絡也又船纜也克音客能也勝也念常思也形音刑體也

容也象也狀也
端 音端正也又元端朝服耑同
虛 音許宿名又空也俗作虚虗
表 音裱外也標也明也
堂 音棠殿也正寢也又玉堂
聽 聆也從也又音汀
禍 音夥殃也害也旤同
因 音茵由也仍也
積 音迹取物而積疊之
福 音幅祿也祐也祥也
緣 音袁貟緣連絡也又循也
慶 音罄賀也
尺 音赤十寸曰尺
璧 音碧圭也
寶 音保珍也重也宝同
寸 音村十分爲寸扌寸同
競 音近盛也彊也爭也
資 音茲賴也助也財也質也
竭 音桀盡也涸也
盡 音尽竭也終也悉也又音儘
臨 音林莅也自上臨下也
深 淺之對也又邃也遠也
履 音里踐也又皮鞋
夙 音宿早也
清 音靜涼也曲禮冬溫而夏清
似 音姒類也佀同又音笥
蘭 音闌香草
馨 音興香遠聞也
川 音穿衆流也
流 音硫水行也又放也
息 音昔止也生長也太息嘆聲消息音耗也鼻息呼吸氣也
淵 音鴛水旋處
澄 音呈水靜而清澂同
取 用也收也索也獲也受也又音娶
辭 音詞不受

辭同又經史作言辭

定 音錠安也靜也止也 篤 音督厚也又馬行頓遲也 誠 音成信也無僞也

美 音每好也嘉也嬍同 甚 音葚尤也過也 竟 音敬畢也已也 優 音憂饒也調戲也優劣也

登 音燈升也成也進也熟也凳同 攝 音攝兼也佐也總持也 職 音織主也業也品秩也執掌也

棠 音堂棣棠海棠俱木名 去 徹也除也 殊 音殳异也別也 賤 音箭去聲卑也物價減也

尊 音遵重也貴也又酒器 卑 音悲賤也劣也卑同 睦 音木和睦 唱 音倡發歌謂之唱[illegible]同

隨 音隋從也順也依也 外 表也遠也疏斥也外同 入 音廿進也 奉 音鳳承也獻也侍也又音

捧 姑 音孤息也且也又子稱父之姊妹曰姑婦稱夫之母亦曰姑 伯 音栢父之兄又音霸 比 音妣

較也並也又音避 兒 音而父稱子 氣 音棄息也稟也炁同 枝 音支枝幹 交 音郊共也合也

互也友也 投 音頭擲也棄也迎也 分 音餘去聲名分本音芬 切 音竊迫也急也割也近也 磨

音摩使玉石滑澤也

箴 音斟諷刺而救其失也

規 音圭爲圓之器也又子規鳥名規規同

慈 音茨慈悲心柔也

隱 音濦藏也蔽也匿也微也

惻 音測愴也痛也

造 音慥至也詣也又造次急遽苟且之時

弗 音拂不可也不然也

節 音呂操也止也制也符節又謚法好廉自克曰節

退 音蛻却也𨓏同

顛 音滇頂也傾也仆也

沛 音配大也

匪 音菲非也又音霏

虧 音悝缺也虧同

靜 音竫安也寂也定也息也

逸 音佚超也隱也放也遁也

動 音慟運動又上聲躁也振也

疲 音皮倦也勞也罷同

眞 音珍無爲也又實也正也

逐 音軸追也疾也又馳貌

意 音薏心志所向

移 音怡徙也易也延也

堅 音肩固也剛也強也

持 音遲操持

操 音慥節操有所操守也又平聲

好 音耗愛也樂也又上聲

爵 音雀命秩爲爵又酒器爵同

縻 音靡繫也又牛靷曰縻

邑 音揖縣也又於邑短氣

華 音驊榮也又中夏曰華

京 音經帝都

背 音貝身北曰背又音佩

邙 音忙北邙山名

也面音偭向也臉也洛音絡水名又地名浮音蜉泛也溢也氣蒸貌渭音謂水名也
據音倨接也大也引接也執守也涇音荆涇濁渭清殿音澱堂高大者盤音磐器名槃拚同
樓音婁重屋觀音貫道院本音官飛音非翔也驚音兢駭也惶也懼也圖音徒謀也
又圖書文籍也寫音蔿謄抄又摹畫也禽音擒鳥之總名獸音狩走曰獸畫音話繪也画同
彩音采文色也精光也又綵同仙音先遷也遷入山也僊同靈音陵神也善也霛同丙音炳
干名歲在丙曰柔兆舍音赦屋也又上聲傍音旁側也傍同又去聲啓音起開也敎也啟同
甲音夾干名歲在甲曰閼逢又甲冑甲帳殿也科甲貢舉名第也保甲編籍部戸也帳音漲張也帷也
楹音盈短柱也肆音四於也陳也又布鬻之舍筵音延重曰筵單曰席設音揲陳也張施
也置也鼓音古擊也撫也皷同瑟音色樂器二十五絃吹音炊嘘也笙音生樂器大十九簧

小十三簧**陞**音升陟也登也躋也**階**音皆級也梯也砌也堦同**納**音衲受也入也**陛**音婢天子

揩也**弁**音卞冠也又音盤**轉**音剸運也動也旋也又音囀**疑**音沂惑也嫌也不定也**右**

音友左右又去聲**內**巾也裏也入也外之對也又屋室曰內**達**音達通也決也豁達**集**音輯聚也

會也就也安也**墳**音焚衆土曰墳坟同**聚**會也衆也斂也萃也又上聲**英**音膺俊也華也萼也

槀音稿禾稈又文草曰藁稿同**隸**音戾附屬也又僕隸**漆**音七膠漆**壁**音璧牆壁**府**

音南郡也藏也聚也**將**音醬帥師也將同**俠**音挾以權力輔人**槐**音懷木名花可染黄**卿**

音輕公卿**戶**音扈內門為戶又音護**縣**音現邑也縣同**給**音急付也贍也又口捷也**兵**音冰

戎器又士卒也**冠**音官帽也冠同又音貫**陪**音培重也貳也伴也家臣也**輦**音鄰人步挽車又搬

運也**驅**音區馳也逐也**轂**音穀車轂輻所湊也**振**音震起也整也動也作也**纓**音英冠系也

車 音居輿也
侈 音恥奢也泰也張大也
駕 音架行也車乘也
肥 音腓壯也
輕 音卿不重
策 音筴籌也謀也又編簡爲策
茂 音楙盛也
勒 音肋馬鑣銜也
碑 音悲悲往事也又墓隧廟屋之碣皆謂之碑碑同
刻 音克漏也剝也怵也鍥也侵也又雕鏤也
銘 音冥志也又儆戒之辭也
磻 音盤溪名
溪 音欺水涯
佐 音輔也助也貳也刷也
阿 音婀曲也隈也近也倚也大陵也巨偏高也又太阿劍名
奄 音淹東方國名
宅 音澤居也
曲 音茜不直又鄉里曰鄉曲
阜 大陸曰阜又厚也盛也
微 音惟隱也衰也
旦 音鳴早也明也
孰 音熟誰也
營 音榮謀爲也又軍壘曰營
合 音盍同也會也相偶也
濟 音祭通也渡也周救也事遂也又音泲濟濟盛貌濟同
弱 音若柔也劣也
傾 音頃欹也側也圮也空也
綺 音杞繒也
迴 音回避也迴同
說 音曰喜意也悅同
感 音橄感格感激感應感動
俊 音峻智過於人儁同
乂 音刈治也書旁求俊乂
密 音蜜稠也

祕也安也
勿音物禁止之辭
寧安也又願詞也亦作寍
更音梗改也代也又更漏
困窮也悴也又病甚也倦劇也
横音宏縱之對又欄木也
假音解僞也借也
途音荼路也涂同
虢音國國名
踐音賤踏也履也
會音匯總也要也聚合也
盟音明盟約又音孟盟津水名
遵音尊循也行也習也率也
約音葯期也簡也大約大率也戒令檢束圍繞束縛皆曰約
法則也度也數也常也又刑法方法灋同又姓
弊音敝敗也又奸欺也
煩音燔雜也勞也悶也
刑音形罰也戮也
翦音剪裁也齊斷也割截也
頗音叵差多曰頗良久曰頗久多有曰頗有又音坡不正也
用便也以也
軍音君萬二千五百人爲軍
精音晴細也專一也眞氣也
威音葳尊嚴也可畏也
漠音莫沙漠又淡漠恬靜貌
馳音池疾驅也軍騁也
譽音聲稱美也又平聲
丹音單赤色
青音清赤白
州音洲州縣又九州
跡音積脚跡蹤跡蹟迹同
郡音裙府曰郡郡者羣也羣聚也
嶽音岳五嶽諸山之宗

泰音太寬也舒也甚也侈也岱音代岱宗東嶽泰山主音炷君也宰也賓之對也云音芸言也
亭音廷道路所舍又亭亭聳立之貌雁音鴈隨陽鳥鴈同門音捫門戶紫音子間色也
塞音賽邊界赤音尺紅也城音成城郭昆音崑仲也兄也碣音竭方曰碑圓曰碣也
鉅音巨大綱也又大也野音也郊外曰野又朴也埜同洞音慟小谷也洞達庭音廷門屏
之內曠音壙虛也空也綿音緜精曰緜粗曰絮又遠也續也纏綿也柔弱也棉緜同邈音莫遠也渺也
又音藐巖音炎險也峻也岩同又音碞岫音就山有穴曰岫杳音夭冥也深遠也又寂也
冥音明幽也暗也務音婺專力也稼音嫁樹五穀也穡音嗇種曰稼斂曰穡俶音叔
始也厚也亦作倜畝音姆百步為畝畒同藝音乂業也種也才技也法制也稅音帨租也勸
音券勉也助也獎也新音薪初也鮮也美也賞音餉酧也褒賜也黜音出貶斥也陟音隻

升也進也登也軻音珂車接軸也又孟子名敦音墩厚也素音塑白也質也又茱食也秉音丙
執也又十六斛直正也不曲也庶音恕眾也近也侈也幾音基微也倘也謙遜也泰也不自
滿也謹音槿慤也專也脊也勅音赤天子制書勅敕同聆音伶聽也察音擦監也審也考也
廉視也又靜潔貌過詳貌詧同理音里料理文理脈理膚理鑒音監照也誡也鑑同又鏡也貌容貌
貌同色音嗇顏色又色慾也貽音怡遺也詒同厥音蕨其也嘉音加美也褒也善也猷
音猶勳也謀也祇音支適所以然之辭詩亦祇以異祗同植音殖立也置也栽也省音醒瞥也本音
眚躬音弓身也恭也躳同譏音机誹也詧也誡音戒諭也又警敕之辭寵幸也愛也又尊
榮也增音曾加也益也抗音伉扞也拒也極音屐至也終也窮也殆音怠危也近也辱
音蓐恥也僇也恥音侈慙也辱也恥同皐音高岸也澤也臯同即音唧就也當也疏條陳也記

注也又音蘇
解 音假解釋又戒械二音
組 音祖印綬也經緯也
誰 孰也又誰何詰問也
逼 音偪迫也驅也
閑 音閑暇也習也
沉 音虒弱也沈同
默 音墨不言也嘿同
寂 音籍靜也安也𡧍同
寥 音寮空也寂也
尋 音潯繹尋也搜求也
散 離析也又上聲
慮 音濾憂疑也思慮也
逍 音消逍遥自適之貌
遥 音揺遠也行也
欣 音听懽也忻同
奏 節奏又進上也
累 音纍增也疊也又類雷二音
遣 音譴祛也縱也又音譴
慼 音戚心動貌慽同
歡 音驩喜也樂也懽同
招 音昭以手曰招以言曰召
渠 音蕖大也詩夏屋渠渠俗謂他人爲渠又溝渠渠同
荷 音何芙蕖葉也又去聲
的 音菂實也射候之中
歷 音力經也次也行也
園 音垣所以蒔果
抽 音惆拔也引也
條 音鰷小枝也項目也陳析也
枇 音琵枇杷果名
杷 音琶
晚 音挽日晡時俗呼范
翠 音脆鳥名赤羽曰翡青羽曰翠
梧 音吾梧桐木名
桐 音同木名
凋 音彫零落也
根 音跟柢也

本也又天根星名氏也委音猥棄也頓也隨翳音堅蔽也
金根車名以金爲飾　也又威蕤二音　障也又音
伊落音洛物隕墜曰落又院落碧飄音標搖動飖音瑶
落落錯落磊落冷落離落籠落　也輕舉也　飄飖
上行遊音尤遨鯤音昆獨音讀孤摩音魔研絳音
風也遊遊游同　大魚　也單也　也指也　降
赤霄音消雲霄耽音躭樂也又翫音玩習也狃也市
色　近天氣　耳大而垂　厭也遊觀也
音柹交易之箱音相輶音由攸音悠又畏音尉懼也
所又音侍　竹篋　輕車　也所也　怯也怖也
驚也又畏敬畏忌屬音蜀隸也耳音餌耳司聽垣音袁
又音威古作隈字　眷也屬同　又助語辭　牆也
俗作牆音嬙垣也壁膳音善具食餐吞也熟食飯音
檣　也廧墻同　也饍同　也飡同　梵
炊粟爲適音式往也自得也安便腸音長水穀飽饜飫
飯飰同　也又適然猶偶然也　二府膓同　也
依據切音嫗烹調和饑音机穀不熟厭音饜足也
飫飽也饜也　五味　又餒也飢同　斁也又棄

絕也糟音遭酒滓糠音康米皮也又穅同故音固舊也事也又爲之也舊音柩久也昔也

老宿也糧音良糧食粮同妾音緁小妻御音禦侍也撫也使也統也績音積緝也紡

音倣紡績侍音事承也從也近也巾音斤蒙首衣幃音韋單帳又香囊也帷同幕自四旁及上無下

紈音丸素也扇音煽箑也圓音員周也方圓也潔音結淨也清也銀音誾白金也

燭音竹爔炬煒音暐光也煌音皇焜煌光煒炫燿貌晝音咒日中眠音綿翕目也

寐音袂目閉神藏也籃音藍大筐也筍音筍竹萌簨箏同象音像獸名牀音幢

止息器床同弦音賢弓弦亦作絃歌音哥咏也謌同酒以米爲之讌音燕飲也又醼同

接音浹交也續也受也杯音桮酒器盃同觴音商酒巵之總名觴同矯音皦彊貌又詐也

手音守手足頓貯也次也又下首至地也又音咄冐音默頓戎酋名足音哫趾也滿也無欠也

豫音喻樂也先也逸也又猶豫疑也嫡音的正室嗣音寺子也繼也續音俗繼也連也

祭音際祀也祀音似祭也亦作禩烝音蒸炊也薰也進也眾也又禮記冬祭曰烝嘗音常

秋祭亦作甞稽音起下拜首至地書厥角稽首䭫同顙音磉額也顙同拜禮記拜服也稽首服之甚

也又拜手頭至手處也悚音竦怖也愳也恐懼也惶音皇恐也惑也牋音箋表也識也書也

箋同牒音蝶札也簡也又官府移文也答朝也對也當也荅同審音嬸詳也熟究也骸音諧

百骸骨也垢音苟塵滓所集想音鯗思意也浴音欲澡身也熱然入聲炎也願

音愿欲也思也顒望也涼音良薄也寒也驢音廬似騾而小馿同騾音螺騾子犢音讀牛無

角者特音犢但也獨也又挺立曰特驤音相馬之俯仰騰躍也駭音駴驚也躍音藥跳也

進也又音逖超音弨越也逸也斬斷首又盡也賊音蠈害也偷也盜音導偷也捕

音步擒泥也
獲 音劃得也又臧獲奴婢也
叛 音伴背叛跋扈也
布 音佈帛也陳列也
射 音麝射矢
遼 音寮遠也又遼東地名
丸 音完彈丸又圜也傾側而轉
嘯 音笑蹙口聲又歗同
恬 音甜安靜也
筆 音必作書者笔同
紙 音祇簡也帋同
鈞 音均三十觔
巧 拙之反机巧又黠慧也
任 音紝用也克也又音壬
釣 音弔餌魚器
釋 音式解也放也又佛教曰釋
紛 音分雜也多也
俗 音續上所化曰風下所習曰俗
並 音病比也並也竝同上聲
佳 音家好也善也
妙 音廟神化不測也又奇妙巧妙又好也精盡也玅同
淑 音孰善也和也
姿 音咨態也亦作娄
工 音公匠也官也
顰 音貧蹙也又強學人曰效顰
妍 音言好也美也淨也
笑 音哨嘻也咲同
矢 音始箭也直也誓也
每 音美凡也常也
催 音崔促也迫也
曦 音希日光
暉 音輝月光
朗 音榔明也
曜 音耀日光也又七曜日月五星
璇 音旋美玉書璿璣玉衡以齊七政璿同
璣

音機珠不圓也斡音管運也柄也旋也轉也又音腕晦音悔不明也月盡也魄音拍人生始化曰魄

又月體黑者曰魄又音托落魄不撿環音寰繞也璧也照音詔明也炤同指音旨手指也歸趣也

祐音又神助也佑右同永音咏長也遠也綏音雖安也又執轡之總劭音邵勸勉也劭同又

音矯矩音柜義也又爲方之器引音蚓導也延也長也領音嶺項後也又受也統理也承上令下曰

領又曰首領將帥及酋長皆有首領如身有頭項俯音府低首亦作頫廊音郎廡也廟音妙前曰

廟後曰寢廟同帶音戴紳也矜音京憫也矜持也驕矜也徘音培徘徊不進也徊音回徊同

瞻音占視也眺音跳望也孤音姑幼而無父曰孤又負也陋音漏鄙也狹也陋同寡

音剮少也孤特也又孀婦愚音禺不曉事也等齊也類也等級也候待也䓁同誚以辭相責也

謂音位告也與之言也助佐也相也焉音言語終之辭又音烟也音冶決辭

神童詩

豪 音毫英也俠也强也
般 音搬運也移也又盤班二音
品 法也式也又品級品類品格
窓 音瘡在牆曰牖在屋曰窓牕窗同
卷 卷帙可舒曰卷編次曰帙
腹 音福肚腹
刀 音忉兵器
暮 音墓晚也莫同
種 音踵類也又去聲
儒 音如士者之稱
看 音刊視也守也
悞 音悟謬也欺也誤同
贏 音盈賈有餘利
姓 音性氏也
錦 錦繡織文
軸 音紬車輪木也
閒 音澗間斷又平聲俗作間
衫 音杉小襦
袖 音岫衣袂
惹 音喏詭也又引著也
未 音味辰名歲在未曰協洽
謁 音暍訪也請見也
然 是也燒也俗作燃
漸 音斬進也次也事之由來也
待 音代俟也又音殆
便 音卞宜也順也安也利也又近便也又平聲便便辨也又便辟足恭也
科 音蝌等也條也程也條也
鄉 音香萬二千五百家爲鄉
類 音累等也種類肖似也
升 音昇登也又十合曰升
題

音提頭也又書題品題題目快音蒯稱意也又爽也速也中音衆當也本音忠選擇也遝同又去
聲壓音鴨鎮也覆壞也塞補也又彈壓也厭同脫解也又輕易也說同搭音榻浮圖也又物疊聲
第音娣次第又宅也但也回音徊轉也還也囬同浪音閬波濤也又孟浪輕率也里音理
二十五家爲里瀛音嬴瀛州山名又洲名洲音州渚可以爲居榜木片又標榜賜音四
上子下也狀形象也又形容之也輩音貝班也又同類也俗作輩慷音亢慷慨感傷意又竭誠貌又
去聲丈音杖十尺又長者之稱慨音慨岧音迢岧嶢山高貌嶢音堯嶢同聳音竦
高也街音皆街衢四通道也衢音衢際音祭會也交也邊也報音豹答也酬告也旱
音悍亢陽不雨又音汗逢音馮遇也迎也他音它彼也遇音寓相逢也脈音麥血脈脈衇
同眼目也破解離也臘音蠟歲終合祭諸神之名又大寒後戌日爲臘臈同侵音駸漸進

也陵也又音寢綠音六青黃間色又結綠寶玉名桃音逃果名梛同醉音最卒其度量不至於亂也

點音箴批點點同番音翻胡地又數遽更也鵑音捐杜鵑鳥名血氣血淚音類目液

又音戾到至也清音青澄也潔也澈也淨也好美也相善也晴音情天霽繡音秀

五采刺文綉同底音抵下也至也閣音各樓閣昏音湣闇也日冥也昬同又與婚通開張也

通也闢也啟也條陳也又姓開同處所也居也芰音忌蔆也霽音祭雨止送音宋餞也贈也

應音英當也又料之辭本音印爽音塽清快又昧爽微明也燈音登燈火灯同瓜蔓生也

望音妄月滿與日相望如臣之朝君也亦作朢只音質助語辭曬音鍛曝也晒同飲歠也

又去聲帽音冒冠也舞音武鼓舞歌舞留音流住也止也畱同昨音酢隔一宵也罷

音備廢也黜也了也休也菊音麴黃花名蘜同遭音糟遇也禮遭先生於道重音虫重疊本音中

築 音竹造也
共 同也又恭
禾 音和稻苗詩禾黍油油
簾 音廉竹編作帷以障蔽也
竿 音千竹挺又旗竿
添 音天益也
線 音霰縷也綫同
觀 音官覗也又音貫
呈 音程示也露也又下倩呈於上
祥 音詳凡吉之稱
籌 音酬壺矢又算也
斗 音科量名容十升又宿名
柄 音併柯也欋也棟也
暄 音諠日暖也又温也春晚也
隔 音革障也塞也
客 音克賓也寄也
鬢 音擯頷旁髮鬢髮同
斜 音邪不正也
艷 音焰美也容色也光彩也豔同
院 音願宅也又室也
曉 曙也慧也明也知也又開喻也
濕 沾潤也不乾也溼同
妃 音非嬪御之貴者
妝 音莊女子飾也
綴 音惴聯也舞列也
葩 音肥百卉之華
芳 音方芳菲
侶 音呂徒也朋也伴也
暗 日無光
榦 音幹木傍生者爲枝正者爲榦
耐 音奈忍耐
頻 音貧數也
保 音寶愛也全也守也𠈃同
泗 音四小名又液自鼻出曰泗
峯 音風山峯峰同
輝 音暉耀也
嶺 音領山道也又山坡也

秀音琇美也茂也迎音凝迓也凡物來而接之曰迎栽音哉植也棲音西依也宿也栖同

千家詩

午音五辰名歲在午曰敦牂傍音棒依也本音旁將音槳奉也養也又甫始之辭又鏘蔣二音

偷音媮薄也盜也媮同傳媮合取容勝音聖克也優過也又平聲閑音閒衛也傍也闌也與閒通用

濆音賓水際總統也合也聚束也絲數總揔同宵音消夜也值遇也當也持也又音治值同

細音壻微也小也密也鞦音秋鰍韆繩戲又馬靷也韆音千纔音才僅也暫也半中分也

勻音云均也齊也看視也又音刊爐音盧火器又炉鑪壚同燼音藎火燭之餘也

漏音陋滲漏更漏又西北隅曰屋漏殘餘也賊也害也又零落也凋傷也剪音翦裁也陣軍師行伍之列

惱音腦有所痛恨上當讀上聲自下而上也本音尙欄音闌階除本勾闌也與闌通用

杆音干欄杆謂欄板之閒
酴音徒酴縻重醿酒
醿音縻醿同
夢音懵神交爲夢㝱梦同
怯音慊畏懼也懦也又痛恨
影形影
掩遮也閉也斂也揜同
燕音晏鳦也鷰同又音咽
敲音磽叩也擊也
釵音差媍女笄
潤音閏澤也滋也浸也
酥音蘇酪屬又酴酥酒名也
却音卻退也又語辭
絕斷也超也又相去遼遠
勝音升任也舉也堪也本音聖
烟音胭
火鬱氣煙烟同
爆音報火烈爆同
暖温也日氣也火氣也煖煗同
曈音童日出又曈曨日欲明貌
把音靶執也秉也
換音逭兌也易也
疎音蔬稀也疏同
遶音擾纏也圍也繞同
鵠音斛黃鵠又音谷
朶音埵花朶又張頤貌易觀我朶頤朵同
捧兩手拱承奉也又奉同
個音个數也校也箇同
鸝音黎黃鸝鶬鶊名
行音杭列也又恆幸吭三音
鷺音路白羽鳥
含音函口銜物又包也容也
泊音僕漂泊澹泊停泊
船音傳舟也舡同
嫋音鳥風動貌
汎音泛廣也浮也

又仙風波自縱漂也泛同**崇**音漴高也充也崈同**只**音紙起語辭**霧**音務雲霧**濛**音蒙空濛

細雨又音蠓鴻濛**睡**音端寐也**燒**燃火也**魂**音餛神魂易遊魂爲變䰟同**借**假也貸也

杏音莕果名**村**聚落也邨同**興**忻去聲先言他物以引起所咏之辭本音馨**味**音未滋味

僧音鬙從浮屠教者亦名沙彌**乞**音吃求也**鵝**音俄家雁鵞同**湖**音乎五湖**豚**音屯

小豕豘同**柵**音策賫柵編木爲之**扉**音非柴門也**柘**音蔗木名**蠟**音臘蜂液融者爲蜜凝者

爲蠟**繫**音系結也縛也聯絡也又音計**杖**音丈所以扶行也又去聲**藜**音黎**橋**音喬水梁也

沾音占染也**嫌**疑也憎也又不平於心也慊同**屐**音極木屐**齒**音茝牙齒又錄也年也

苔音臺鮮也**扣**音叩擊也又音口**住**音著居也止也**呢**音尼呢喃燕語也又言不了也

喃音南**閒**音蕑中也又去聲**裡**音里衣裡也裏同**渾**音混無分也又平聲**攜**音兮

提也又攜同 芝音之靈芝瑞草名 冰音兵水寒所結氷同 少不多也又去聲 覺音角曉也

悟也 差音嵯次也又參差不齊也又欽叉二音 狂心病也躁率也又志願太高曰狂 絜音臬繰餘

爲絜 源音原水之本 避音敝迴也辟同 又音佑再也更也有同 怕音帕畏懼貌 漁音魚捕

魚戶 津液也又濟渡處 陌音貊市中街又田間道南北曰阡東西曰陌 塵音臣陸行揚土

拂音弗拭也去也逆也 樹音孺植木總名立也又上聲 淨音阱精潔無垢瀞瀞同 種音衆

藝也布也 度音渡則也過也 糝叶三上聲米粒和 徑音竟小路又直也逕同 鋪陳也設也

氊音占燃毛席氈毡同 貼音帖依附也粘置也又以物爲質也 稚音治幼子 鳧音芙野鵞俗作

鳬 雛音[illegible]小鳥 疊重也積也累也疉同 瑤音堯玉名 幾音几多少之辭又音機 呼

音虖喚也嗚呼謼同 掃音嫂棄也本作埽 剛音岡堅强不屈 拾音十數也收也 教音交使之

爲也

憐 音連哀也愛也 **幽** 音憂深也隱也闇也 **澗** 音諫山夾水也 **潮** 音鼂海濤早爲潮晚爲汐

急 音伋迫也疾也緊也 **渡** 音度濟也 **舟** 音周船也 **輸** 音書失也納也 **漲** 音帳氾漲水大貌

陂 音悲俗呼陂澤障又音祕傾邪也 **塹** 音槧坑塹也又遶城水也 **塘** 音唐隄岸 **灩** 音艷瀲灩水滿貌

數 音瑣計也本音㖩 **緩** 音浣遲也 **鶯** 音膺黃鸝鸎同 **啼** 音蹄號也鳴也泣也

唬同

簫 音蕭樂器 **蕋** 音蘂花心鬚也花內曰蕋花外曰萼蕊同 **蝶** 音牒蛺蝶 **遍** 音偏及也徧同

涯 音厓水際 **蛙** 音哇水䵷如蟾蜍 **妒** 音蠹爭色妬同 **粉** 燒鉛爲之可以飾面又磨米爲粉

褪 吞去聲卸衣也又開謝也 **抹** 音末拭也 **荼** 音徒荼蘼又苦菜 **䕷** 音靡蘼同 **了** 音瞭

完也訖也曉解也

棘 音激荊棘凡有刺者曰棘 **莓** 音梅苔也 **擲** 音蹢投也拋也擿也 **弄** 音哢

玩也戲也

織 音職組織作布帛總名 **瓦** 屋甃 **雀** 音爵鳥名 **案** 音按几屬 **硯** 音彥墨池

亦作研

忽 音笏忘也輕忽也又倏忽　强 勉强牽强又傴强又强不和柔貌木音彊　過 音戈經過也

話 音獲說也　徹 音轍通也均也除去也又音掣　視 音事瞻也眎眡同　稠 音綢衆也醲也

稀 音希疎也少也　曾 音層乃也嘗也又反辭本音增　鬭 音鬪争也競也鬬同　菲 音非芳菲茂貌又音斐

榆 音余木名　莢 音劫蓂莢堯時之瑞草又榆莢荳莢　思 音四意也情緒也本音斯　漫 音墁汗漫渺茫貌又音瞞

準 音准平也均也度也則也　擬 音蟻議也揣度以待也　濃 音農厚也

依 音衣憑也附也　枉 音往曲也抑屈也　愁 音[illegible]憂也　病 音並疾也　更 再也㪅同又音耕

簷 音炎屋邊櫩同　喚 音奐呼也　乍 音蜡忽也猝也作同　葵 音逵菜名常傾葵向日也

酸 醋也又寒酸窮相　濺 音箭水激污也又音箋　牙 音芽齒也又牙行　芭 音巴芭蕉也

蕉 音焦　紗 音沙絹屬　捉 音琢搦也搤也捕也　减 音鹻耗也損也　搖 音堯動也撼也

罩音鵃捕魚器罩篧同噪音譟羣呼乳音汝湩也育也又音孺鴨音押家鳧淺水不深也摘音責手擿也凭音平倚也隱几也倒音禱仆也晶音精水晶也架音嫁架子薔音墻薔薇花名薇音微薇蕨耘音云除田草庄音妝田舍與莊通用各音閣巽辭供音弓設也給也養也進也耕音庚種也畊同插音臿刺入也啣音咸馬勒口中者與銜通用浸音寖漬也沉也又漸進也漪音衣水紋笛音狄似簫六孔周禮作篴腔音羌羊體亦作羫蹊音奚水注川曰溪俗讀欺與谿通用護音互衛也又助也排音牌擠也斥也推也浥音邑潤也漬也闤音檈宮中門曰闤巷音衖街巷直曰街曲曰巷衖同鶴音貉身似鵠長喙丹頂翯同休音咻美也止息也蘋音貧蘋蘩水草蕡同碧音壁深青色悠音攸遠也思也牽音愆引也連也挽也邀音夭求也招也要同梭音唆織具鴉音椏純黑反哺者曰烏頸白不

反哺者曰鴉又平聲　屏音平屏風又丙柄二音　枕臥荐首者又去聲　覓音塓尋也索也俗作覔

撲擊也扑同書扑作教刑　臥音餓寢也卧同　溢音鎰水滿貌　悄憂也靜也愁恨也又音陗

薰音熏香草又熱氣也　汴音卞水名　蓮音連菡萏　樣音羕式也法也俗作様　瀲音斂

泛瀲水滿貌又上聲　夾音甲交並也相雜也　茶音槎葉可止渴𣗪同　鈎音溝曲也又劒屬鎌也鉤句同

倦厭也怠也懈也疲也勌同　拋音泡擲也　莞音緩小笑貌又音官東莞地名　滄音倉滄

海滄洲又滄浪水名　浪音琅又去聲　禁音噤戒也止也天子所居曰禁　鎖音瑣琅璫長鎖也又鏁同

譁音華讙也又音花　淋音林沃也又淋漓凝貌　漓音離　傲音慠慢也倨也敖同　吏

音利官吏　鷗音歐水鳥　綸音倫青絲綬又音關後漢孔明綸巾羽扇　鐘音中樂器也又黃鐘律名也

伴音畔侶也依也陪也又上聲　爲音位護也與也緣也本音違　活生也　艨音蒙艨艟戰船

艟音衝讀童亦艦音監戰船四方施版以禦矢者泓音弘水深也沁侵去聲水名又以物探水爲沁又小飲也脾音皮脾胃脾同閶音昌閶闔天門闔音盍闔扇門戶也雙曰闔單曰扇又閉也易一闔一闢謂之變打擊也毬音求蹴踘氣毬死列也死同復音服荅也白也反也又音福

諫音澗直言以悟人也擎音鯨拓也舉也橙音根果名橘音譎果名當音儻抵也質也本音璫沸音肺波湧貌楓音風木名寺音嗣浮屠所居又閹宦也征音烝上伐下也又止也行也蟬音嬋蜩也娥音蛾好也又娥皇堯女舜后嬋音蟬嬋娟美態娟音捐又音淵

埃音哀細塵籬音離藩籬靖音靜逸也安也放音舫逐也肆也逸也廢也又音昉依也些小也着附也黏也著同籠音龍舉土器又上聲肯筋肉會處曰肯又可也允也又肎同降音杭服也本音絳騷音搔愁也憂也評音平品論蓑音梭草衣雨具也簑同團

音摶圜也聚也 鶩音豚上馬超越也 煨音威燼火也 榾音骨榾柮朽木 柮音咄 烘燎火乾也

下千家

箭音濺矢也 旌音精析羽置旗首旍同 旗音其旂常之總名 蛇音鉈毒蟲也又音虵

揮音暉奮也振也指揮也撝同 毫音豪十絲曰毫 掌音仉手心也又專主也 凍音棟水凝結也

芽音牙萌芽 嗟音罝嘆聲 炬音巨束蘆燒之 森音參眾木貌 宸音辰帝居也

還音还返也退也償也又音旋 消音宵滅也釋也 鼇音敖海中大鱉鰲同 鎬音浩溫氣又地名

霑音沾濕也濡也漬也 宴音晏合飲又息也安也 汾音焚水名 昇音升日上 進音晉入也登也

霞音遐日旁彤雲 巵音支酒器 況音既發語之辭與況通用 筋音巾骨絡筋同

粗踈也大也畧也物不精也麄麤同 健亢也强也有力也不倦也俗作徤 堪音勘任也勝也又地突也 涵音函涵泳又水澤名 溜音霤水盛下也澑同 忍安於不仁曰忍又忍耐又音刃忉同 油音由蘇荳汁又油然雲行貌 峽音狹山夾水曰峽 浴音容水盛貌 索亦作愫蕭索寂寥也 寄音既托也寓也 粵音曰于也審察之辭又夷國名 塚音冢墓也 寢几居室皆曰寢又臥也息也 樽音尊酒器俗作罇 藉音籍借也借民力以治田曰藉田又狼藉甚盛貌 笳音加胡人捲蘆葉吹之漢蔡琰有十八拍 蟄蟲藏也又驚蟄節名 郊音交邑外也又祭天曰郊 原音元本也又推原亦作愿 柔音揉順也弱也 驕音嬌恣也傲也又馬高六尺也 焚音枌燒也燌同 蒿音薅蓬蕭之屬 坵音邱田畝 墓音慕葬埋之處 灰音煇燼餘也 蝴音平蝴蝶 狸音黎狐狸又貍同 滴音嫡涓滴水點注又瀝也 恣音漬縱肆也 圍音爲守也範也環繞也 穿音川貫也鑿也

磯 音機磧也又石激水也
盞 音醆小杯亦作琖
片 音騙半也判也
妨 音方害也又碍也
衍 音兖廣也延也又蕃衍曼衍
裁 音才製也度也
絡 音洛絲絡又絡繹不絕也
裙 音羣下裳也帬同
拖 曳也又上聲
板 音版木片
繩 音澠直也索也約也戒也彈也治也又繩繩衆多也又相續不絕貌又玉繩星名俗作縄
從 音聰從容舒緩貌本音叢
蟾 月彩又蟾蠩也
謫 音責降也又貶也
降 音絳貶也又音杭
債 音瘵負財也
蛺 音劫蛺蝶
蜻 音精蜻蜓
蜓 音廷
欵 音款哀曲也誠敬也留也式也款同
暫 不久也蹔同
違 音爲背也去也
唇 音淳口耑脣同
翡 音費赤羽雀
苑 所以養禽獸者
麒 音其仁獸牡曰麒牝曰麟
麟 音鄰麐同
推 音吹排也移也擇也
絆 音半馬縶繫足曰絆絡首曰羈俗讀扮
茫 音芒滄茫水大貌又音莽
料 音燎理也又將也度量也
黯 音黤深黑色又傷別貌
疾 音蒺病也速也
愧 音貴慙也媿同
俸 音諷秩祿又奉同

訊音信問也 抱音鮑持也挾也引取也懷抱也又拋暴二音 畫音劃分也界限也計策也 妻音淒婦也 局音跼曹也拘也 針音斟縫衣器亦作鍼 藥音耀療病草詩不可救藥 軀音區身也

蛛音朱蜘蛛 網音罔羅也 屋音剧舍也居也 嘈音曹雜也 斑音頒斑斕雜色也又音邊

樵音譙取薪也 蒸音烝炬也炊也 炊音吹爨也 餉音向饋也饁也 菑音緇田一歲又音灾

囀音轉鳥聲 槿音謹木槿 齋音栽潔也莊也恭也又燕居之室齊斋同 折音哲屈曲也又毀棄也又音舌少也

漣音連漣漪微風所動水成紋也 掠音畧刦也剠同 籜音托笋皮 簌音速竹聲

梢音筲木杪也 簟音驔竹席也 仍音艿因也 醒音星醉而蘇也又夢覺也本音惺

淒音妻風雨極寒 聽音廳聆也又去聲 零音陵落也餘雨也 幔音漫幕上覆也 變音徧變化改易也变同

態音泰度也又情態驕態 淫音婬亂也奸也過也滛同 堤音氐岸也俗作

隄
聊 音寮語助辭又況味也
但 音誕徒也凡也任也又音憚
皓 音浩白也光也晧同
鏡 音竟鑑也
籟 音賴三孔籥簫又萬籟
輪 音倫轅也
狡 音絞狂也猾也健也
兔 音吐狡獸名
妖 音腰艷也嬌也又孽也
蟇 音麻蝦蟇蟆同
槎 音茶桴也
歛 音斂收也聚也又上聲斂同
欹 音欺不正攲同
砧 音斟搗衣之石碪同
杵 音褚臼杵砧杵
熖 音豔火光爓燄同
低 音氐垂也卑也下也
就 音袖成也
期 音奇約也限也會也
搔 音騷手爬
嘆 音炭慨嘆又歎同
芋 音喻芋頭又音虛
栗 音慄水名又音列
慣 音串習也貫同
馴 音循從也善也又音純
航 音杭舟名
恰 音怯用心也又適當之辭
痕 音狠瘢也迹也
沖 音充虛也又幼小也
檣 音牆掛帆木
拽 音絜扯也
櫓 音魯大盾又進船具
潭 音覃水深處
鴻 音洪雁之大者也
蓼 音了辛菜又音六
岸 音喭崖也堤也岍同
寬 音髖大也緩也廣也
羞 音修恥也荐也進也

膳也倩音蒨假也又好口輔也整音拯齊也飭也茱音殳茱萸萸音臾茱萸同仔音子

任也克也又平聲曙音署旦也曉也倚音椅依也側也又音意渚音主小洲曰渚鱸音盧

魚名巨口細鱗鮄同囚音酋拘也又罪人也響音享應聲向同傳應之如影響遏音頞止也又絕也

櫳音龍養獸檻也襲同否音缶不然之辭又上聲嘹音寮鳴也又嘹喨又清徹之聲喨音亮

僕音樸給事者又自稱僕卑辭也熨音鬱熨斗俗讀運孏音賴弱也少也賴同蟹音澥蟛蟹

介虫八距二螯蓉音容芙蓉羨欲也慕也餘也刺音戚撈也詩刺繡五紋添弱線又音次紋

音文錦綺之文曰紋葭音家蒹葭蘆也衝音充突也動也通道也占擅也據也又隱度其辭口以授

人曰口占本音沾狎音狹習也親近也玩熟也檀音壇香木又彊韌之木朽木腐也惜

音昔恡也愛也痛惜也擁音勇衛也持也羣從也挾抱也汝音乳你也女同吾音梧己也又姓也

骨音榾肉之核也障音嶂隔也擁蔽也又屏障邊障保障蹤音縱跡也蹤同粲音燦優也祭也
又鮮好貌鵲音積鵲鵲鳥名鸰音陵鶓音猫苗鶓鳥名酩音茗酩酊甚醉貌夫音扶
發語辭又語已辭又音玦苎音註草可織布與紵通用廢音肺弛也隳壞也徵音征召驗也書明徵
定保挑音銚撥也又荷杖也煑音主烹也旋音漩周旋盤旋砍音坎伐也殺也徭音堯
役也亦作繇膽叶丹上聲肝胆同殺也腰音妖身之中也翎音陵鳥羽鼉音佗黨鼉皮可
以爲鼓電音殿陰陽激耀也閃音陝躲也又出門貌穴音月隙也土室也冢壙也穴同螻
音婁螻蛄蟻音擬虫名又浮蟻酒也螘同逃音桃避也亡也迯同詔音照告也王命也朕
天子自稱袍音鉋長襦也慇音殷慇懃委曲貌懃音勤鄱音皤縣名匣音洽匱也
霆音廷疾雷縧音縚編絲爲繩絛同纏音廛繞也約也束也繳也騎音奇跨也又音笈馬軍曰

騎

隻音職單也 匆音聰遽也怱悤同 蟠音槃山也伏也

養蒙鍼度卷之一終

養蒙鍼度卷之二

虞山潛子聲先生手定

長洲受業孫蒼璧卜山甫
湘潭後學陳樹芝醒我甫　校刊

大學

親當作新革其舊之謂　**昧**音妹昧爽旦微明又暗昧　**稟**供也給也受命也俗以白事爲稟又作廩中庸既稟稱事廩同　**拘**音居執也　**蔽**音閉障也隱也　**遂**音燧成也就也從也　**污**音烏穢也俗讀去聲汙同　**私**音司背公爲私　**后**音候君也妃也又與後通用　**倣**音彷依也倣也放同　**妄**音罔誕也罔也誣也　**末**音抹無也盡也又木杪　**矣**音已語已辭未決辭　**治**音持凡未治而攻之曰治治本音稚

格音華化也至也則也正也慊音怯快足也謙同欺音溪詐也陵也謾也炭也下音暇降也自上至下本音廈錯音措捨置也本音剒厚音後重也又去聲錯音剒舛也誤也雜也又摩也雜參錯也五綵相合也襍同貫音灌條貫規繩也又鄉籍也諟音是猶此也又審也正也或音惑疑也又未定之辭峻音浚大也又音俊堯音搖翼善傳聖曰堯又高也沒音歿溺也無也沒同沐音木洗髮也洗音徙滌也洒同濯音濁浣也又濯濯肥澤貌滌音狄洗也除也淨也畧音掠簡也忽也封界也又經畧疆理也大畧大要也略同邦音梆小曰邦大曰國畿音其天子寰內地俗讀基圻同緡音綿詩緡蠻黃鳥又音民蠻音鸞南蠻又緡蠻鳥聲隅音禺陬也稜也蔚音鬱州名又音畏於音烏於戲嘆辭本音迂嗚同緝音葺繼續也熙音希和也喜也又熈同蘊音愠蓄也奧也淇音其水名澳音郁隈也厓也菉音六蓐草亦作綠色也猗音猗

美盛貌本音漪歎辭斐音匪文貌磋音蹉磨治也差同兮音奚語之有所稽僩音限武毅

貌又音僩喧音喧赫喧宣著盛大之貌本音諼諠音諼譁也喧同道音導言也由也治也衞同本音

稍恂音浚恂慄戰懼也本音荀溫恭貌慄音栗反音返覆也還也叶音挾諧聲也協同

諠音運和也又諠也版音板圖籍隈音威水曲厓內爲隩外爲隈鋸音句解截椎

音垂擊也張良爲鐵椎鑿音昨鏨也倩也質音窒朴也信也正也鑢音慮錯銅器鐧同錫

音盪工人平木器復重也又平也毅音乂剛毅果敢也強忍也討治也尋也求也誅也探也訶也

論音崙說也議也思也又去聲卒音倅兵也終也愈音羽勝也又音俞泆音佚水蕩泆又

淫放也訟音誦爭也誕音但放也詞妄也生辰也竊音切盜也私也窃同補音圃裨也塡也

又補綴衣也豁豁達大度也臭物之變色劫音筴奪也刼刦同決音玦斷也絕也判也

徇音殉從人也厭音掩厭然消沮閉藏之貌本音饜肺音廢肝肺肝音干戲當作
呼於戲嘆辭本音饎呼同黶音掩黑痕又音黯沮音咀遏也抑也本音疽閉音蔽塞也掩也闔門
也詐音醡偽也詭譎也詐同胖音盤安舒也又去聲怍音昨慙也作同身當作心本音申
忿音憤怒也恨也懥音至怒也樂借音耀喜好本音岳憂音幽愁也病也患音宦憂也
慮也難也病也檢音撿校也柅也防範也法度也又書檢印窠封題也辟音劈偏也僻同本音壁又音闢
鮮音蘚少也希也本音先加音家增也陷音餡阤隤墜也沒也墮也諺音彥俗語也又音岸
碩音石大也充實也彥音諺美士也溺音匿沈沒貪欲也厭言淹不休也詩厭厭
夜飲本音饜又掩壓二音害音妎嫉也傷也不利也嫁音稼以女與人戾音麗乖也罪也違也曲也
僨音奮覆敗也敗音稗毀也壞也損也頹也舜音瞬仁聖盛明曰舜桀音傑黠也謂其凶暴

若磔恕音庶推己及人爲恕責音仄罰也任也夭音妖少好貌又短折也蓁音臻葉盛貌
臻音蓁至也蓼音六草長大貌又音了忒音慝差也鳲音尸鳲鳩鳲鳩也鳩音樛
差音叉舛也又嵯釵二音錯也恤音戌賑也又慼也卹同倍音佩作背違也本音備一生兩也
絜音纈度也度音鐸謀也料也忖也本音渡捷音睫勝也敏疾也均音鈞勻也又平也
先音線先之也本音仙狹音峽窄也操音抄持也練兵也本音糙節音截截然高大貌本音岊
僇音六刑也辱也戮也與戮通用截音絶齊也斷也弒音試下殺上也喪音桑去聲失位也本
平聲配音沛合也對也匹也監音鑒視也又平聲易音異治也平夷也不難也本音亦駿
音俊良馬又大也財音才所以資生者貨也賄也奪攘取也悖音背逆也亂也乖也貨
金玉曰貨布帛曰賄逆音匿不順也又迎也度也舅音舊母之兄弟妻之父皆曰舅婦謂夫之父曰舅甥同

犯音范觸也干也侵也讚也
偃音堰仆也服也
見音現顯也露也現同本音建
斷音鐵誠一之貌又決也
技音忌藝也又方術也
啻音諦不啻不止如是
媢音冒忌也書媢嫉以惡之
嫉音疾害賢曰嫉害色曰妬
俾音彼使也從也
介音界大也耿也有細故曰纖介
冒音帽覆也犯也貪也又假稱曰冒又妬也涉也
忌音芰憚也嫉也又忌諱
逬音丙逐也不與並立也
夷音儀平也又東夷朝鮮也
痛音通去聲病也傷也
命當作慢惰也本音明去聲
遠音院遠之也又上聲
慢音嫚放肆也又怠也惰也
怠音殆懈也倦也慢也
菑音哉禍害也與災烖通用本音緇
迨音殆及也追也
術音述法也道業也又心術
循音旬善也順也又次序貌
恆音衡常也久也又卦名
量音亮龠合升斛也又度量能容之貌本音良
按音案察行考也驗也撫也又音遏
殖音埴藩殖滋生也財衍也
庫音袴貯物舍
畜音蓄養也本音觸
乘音剩車數本音成乘同
蔑音滅人勞則蔑然也

䙖同試音弑用也探也較也喪音桑持服曰喪又法聲喪同采音菜臣食邑本音彩導音道引也啟迪也旨音止美也意同也又聖喻也趣音娶指趣也亦作趨近遠近之近又迫也幾也又

去聲

裔音義胄也末也又衣褥也痼音固久固之疾熹音希熾也謚法有功安人曰熹演音衍水長流貌又廣也延也衍同挈音竭○此補序文提挈五字也

中庸

授音壽與也付也又音受彌音迷益也滿也又音米卷音捲收也又卷耳詩采采卷耳本音捲固音故堅也執滯也又本然之辭臾音予須臾離音利彼此相離而去之本音黎睹音堵視也覩同頑音鏤刻也又百敲曰頑萌音盲牙也蘖也滋音兹潤也蕃也乖異也戾也睽也背也

離也不和也乖同謬音謬詐也差誤也妄言也驗證也效也考覘也驗同誘音有教也導也進也

僤音殫畏也忌也肅音速恭也欽也行音薛言迹本音珩又杭吭二音肖音笑骨肉相似也

與音于疑辭又羽預二音歟同播音簸揚也棄也放也又音跛匿音溺藏也隱也告音誥

啟也與音預及也又于羽二音罟音古網也擭音話捕獸機檻阱音淨陷也坑也又穽同

期音機週年也朞同又齊衰服名本音其檻音艦欄也櫳也漢朱雲折檻坑音硜墟也陷也塹溝

也阬同坎音砍陷也小阱也又卦名險也匝音啑周也徧也帀迊同拳音權屈手也又奉持貌

膺音英胸也當也擊也著音酌被服也本音注又柱除着三音胷音凶膺也胸同刃音刄鋒刃

蹈音盜踐也勇音甬有力也果敢也抑音益遏也止也又反語辭巽音遜順也卑也又卦名巺

同誨音悔教也横去聲不以理行之也本音宏衽音荏衣襟衽同又去聲胄音紂兜鍪

勁 音敬强也健也堅也遒也

塞 音色塡也窒也壅也本音賽

虎 音琥獸名

素 音索求也索隱行圣本音班

怪 音夬異也恠同

詭 音軌詐也異也戾也

遯 音鈍卦名遜也退也遁同

裕 音喻饒也寬也容也

憾 音憾恨也又音去聲

室 音失房也又男以女爲室

博 音剝廣也又[illegible]也

施 音試布也散也惡也與也又音異本音詩

覆 音鍑蓋也又復福二音

蔦 音袁鴟類

麓 音六山足也

鴟 音絺鴟梟惡鳥

昭 音朝明也著也光也

喫 音啜啖也又飲也

緊 音謹急也

潑 澆潑

造 音皁作也爲也始也建也天地之撰謂之洪造又兩造訟獄之兩爭也又音慥

睨 音乂郳視也

研 音言究也窮也又音彥古硯字

豳 音賓地名邠同

斧 音甫斧斤鉞

邪 音斜曲也佞也姦思也

丘 以夫子名不敢稱之故讀曰某大淸○御製從邱本音丘

慥 音糙篤實貌

訒 音刃忍也難也

贊 音讚參也助也贊同

難 患也寇也本平聲

援 音袁引也本音願救助也

怨 恨也

俟 音似候也待也

險音獫危也難也巇險也深陷不可測也又險阻凡不可犯者皆險也又音憲易上剛下險

徼音交徼幸覬非望也僥同

正音征歲月首又畫布曰正本音政

鵠音谷射鵠周禮司裘大射則張皮侯而棲鵠本音斛小鳥

毒音讀書也痛也

辟古譬字喻也又譬避闢三音

翕音歙合也斂也

帑詩作孥子孫也本音儻金帛所藏

湛當作媅樂也本音賺

棣音第棠棣格也

鬼音癸宿名又人死曰鬼

神音申舒也直也申同

幹音榦能事也易貞者事之幹也又人脊肞之骨也亦作榦

齊音齋潔也莊也恭也又燕居之室曰齊又齋同又本音徐

洋音羊盛大貌

側音仄傍也又側陋卑隘也

焄音熏香氣

悽音妻悲痛

愴音創淒涼也悲惻也

矧音哂況也

射音亦厭也亦作斁詩矧可射思又音石本音麝

饗音享歆也

材音才質也亦作裁論語無所取材

培音陪益也助也雍也

憲音顯興盛貌又法也本音獻

假當作嘉美也本音賈

纘音纂繼也綜集也

肇音兆始也長也敏也

追音錐逐也隨也

遠也王音旺㬪其身臨天下曰王本音亾葬音髒藏也埋也塟同紺深青赤色薦音荐進也

精也荐同適音的專主也本音式球音求玉磬尸音蓍陳也主也膏音高脂膏旅音呂

衆也又祭名又客寓亦曰旅酬音稠報也賞也主人進酒於客曰獻客答主人曰酬觶音至罰爵禘

音第王者大祭名示音謚告也教也垂示也省音青約也儉也又禁署也互音沍互相差互又互

鄉速音簌疾也召也括音适撿也結也包括也鼙音委鼓屬殺音鎩削也減也衰小也木

音煞怛音妲敬也懼也又悲慘也域音棫區限也界局也企音器慕也返音反往而還也曰返

懦音糯柔也怯也與愞通用惑音或疑也迷也眩音衒瞑眩憒亂書若藥弗瞑眩迷音彌亂也

戲也遮也讒音慙譖也既讀曰餼既稟稍食也餼音戲芻米也生牲也稟讀曰廩給人取之倉

稟故因稍稟給稱音秤遂也銓也奉音偁聘音娉問也衆來曰頫特來曰聘令音苓使也又令令環

聲本音另 稍 稟食曰稍又斷也音哨又上聲 弩 音努弓有臂者 委 音矮蓄也周禮宰夫掌委積本音痿

積 音漬露積也本音跡 比 音避輔也及也近也黨也本音妣 豫 當作預素定也 跲 音夾躓也

疚 音救病也 躓 音至跲也 鹵 音魯鹵莽輕脫苟且也又西方鹹地也又地不生物亦曰鹵 裂

音列剖也 棄 音氣失也遺也亦作弃 樞 音樗戶樞 紐 音鈕結會 刪 音山定也又除削也

繁 音煩多也雜也 附 音負依也寄也 參 音參錯也易參伍以變本音森 悉 音蟋詳盡也諳究也

禎 音貞禎祥 孽 音蘖妖孽又庶子也 蓍 音施蒿屬用之以筮 龜 音圭甲蟲之長用之以卜也

兆 音趙十億也又京兆猶京師也 筮 音誓揲蓍以占 僞 音魏詭也假也非眞也譌同 疆 音姜

界也畺同 測 音惻度也 洩 音綫漏也泄同 卷 音拳區也曲也又好貌詩碩六且卷本音眷 藏

音臧物所蓄也本平聲 勺 音杓梓大爲飲器勺一升 黿 音元似鱉而大 蛟 音交龍屬無角似蛇也

鰽 音鶯甲魚鰲同 **區** 音驅分也小至也又小貌 **純** 音脣粹也不雜也 **凝** 音迎聚也成也結也

焞 音尋火熟物燂同 **累** 音類壘也縈也玷也緣坐也又雷䨻二音 **泳** 音咏潛行於水底 **析** 音昔分也

釐 音黎理也又十毫也厘同 **尾** 音亹首尾又瑣尾少好貌 **晰** 音析智也明也晢同 **議** 音義謀也評也論也

烖 古灾字 **軌** 音詭車轍由輈以上爲軌又跡也 **杞** 音起國名又枸杞木名

證 音正驗也質也証同 **射** 音妬厭也詩在此無射本音麝 **憲** 音獻法也 **襲** 音習因也受也重衣也

該 音垓備也載也皆也 **幬** 音蹈覆幬又禪帳也 **迭** 音跌更也互也遞也 **睿** 音鋭深明通達

溥 音普廣也大也徧也 **闊** 廣也遠也又契闊勤苦也疏也又久不相見曰闊闊 **貊** 音脉北方國名貉同

焉 音烟何也本音延 **虔** 音乾恭也固也殺也 **契** 音氣合也券也又挈屑二音契同 **肫** 音諄懇至貌

浩 音皓廣大貌 **懇** 音墾懇惻情實也懇同 **衣** 去聲着也本音依 **絅** 音駉單衣

也亦作裝

闇晦也又閉門也又音暗　迥音炯光明也　丰音風面貌豐滿也　襌音丹衣無裏也

暴音僕日乾又顯示也本音瀑曝同　假音革至也詩奏假無言本音解　鈇音夫莝斫刀也

鉞音曰大斧亦作戉　莝音挫斬芻也與剉通用　斫音勺擊也斬也　辟音璧辟公諸侯也

酉音有支也歲在酉曰作噩

上論

學而第一

數音朔疾也頻也屢也煩也又音促　繹音亦理也尋究也　浹音接周徧也　洽音峽霑濡也

慍音縕含怒意　紆音迂詘也曲也縮也　悶音門去聲鬱也煩也　詞音祠意內而言外通作辭

飾音式緣也粧也又修飾整飾　迫音百窘也急也近也　謀音牟計也圖也議也又謨也猷也

參音森星名又人參藥名又音叅輿音于車也又權輿始也泯音敏沒也滅也又音民隙音綌孔也釁也暇也嫌也郄同暇音夏閒也抵音底當也又言大畧也輔音父弼也車輔兩旁夾木損減也傷也貶也失也吝音悋悔吝鄙吝又發也惜也亢音岡星名本音杭儉音健少也節省也歲歉也窺音奎小視也炙音職燔也彝音夷常也又鬱鬯之器蕩音盪滌也又上聲免音勉黜也罷也脫也諂音讇媚也諛也卑屈也僅音覲少也纔也餘也廑同遽音向窘也急猝也戰慄也鶩音務直騁曰馳亂馳曰鶩

爲政第二

共音拱向也書共生於朝又去聲駉音扃駿馬又馬腹幹肥張貌懲音程治也創也戒也婉音琬順也美也又音蜿罰音伐罪加於人探音貪摸取也嘗試也窺索也又去聲踰音于越也與逾

通用疵音慈黑類疾又音子躐音獵踐也又學不躐等瑩音鎣玉色鮮明又音縈託音柝
寄也委也信任也懿音意美也温柔聖克曰懿語音寓告也本音女僭擬也侵也僣同限
音側阻也檢也齊量也竾音治家也養去聲飲食供奉也本音癢食音飼飯也又飤同本音碩
饌音撰饌具又上聲籑同具食也漢司馬遷父子繼籑其職愉音余樂也請謁也扣也祈也乞也問也
粹音歲純也觸音畜觝也犯也笑也汙也坦平也明也寬也廋音搜匿也又廋同艱
音閒難也艰同普音浦日色又偏也大也博也黨音讜朋也偏也長也疵也又五百家爲黨又音儻党同
舍棄也施也與捨通用攻音工專治也征伐也佛釋氏西方聖人駸音侵馬行疾詩載驟駸駸
救音疚拯也又護也捄同餒奴罪切饑乏而氣不充體也又魚爛曰餒亦作餧置音致設也措也
安也輗音倪轅端橫木軏音月車轅端持橫曲木縛音房入聲束繫也軛音厄牛領木軶

同

寅音寅敬也又支名歲在寅曰攝提格　丑音醜支名歲在丑曰赤奮若　讖音刂符讖又驗也且讖緯皆言將來之驗也　緯音位縱曰經橫曰緯　敘音序次第也又陳也述也敘同　秩音帙職也祿也

壞懷去聲物自敗自破也　媢音味謟綃嫵媢媚同

八佾第三

佾音佚舞列也　俎音詛祭器以機盛牲體者　帛音白繒也　鏗音硜鏗鏘金玉聲　鏘音瑲

奢音賒侈也勝也華也　疇音儔耕治之田　慘參上聲酷毒也憾戚也憯通用　汙音窊禮汙尊而抔飲本音烏

抔音裒引取也禮汙尊抔飲謂以手掬而飲之也俗讀杯誤　簠音甫盛黍稷器外圓內方

簋音詭內圓外方　籩音邊竹豆　豆音逗木豆祭器　罍音雷酒器盥器　衰音榱不緝曰斬衰緝之曰齊衰縗同本音崔

哭音酷哀聲　踊音勇跳也踴同　夏音廈大也中國謂之諸夏又音暇暑

時也又姓享音饗獻也祭也歆也受也誣音巫詐也罔也謗也鱴也飲音蔭以飲飲之也又上聲

耦音藕二耜爲耦盼音扮去聲眸子黑白分明貌詩美目盼兮絢音讀文也遠也練音鍊煑漚

熟絲也莧音蜆菜名黑音默色采音彩華美綵同亦作採繪音潰繪畫之事雜五采繢同

和音賀應和也又調也百樂相和本音禾灌音貫溉也澆也勳音熏功勞勛同鬯音唱秬稷

釀酒香草和之曰鬱鬯懈音邂怠也嬾也與解通用諱音晦隱也避忌也缺音闕虧也竈

音躁爨突灶同陘音形限也又地名禱音倒祈神求福也紇音齕絲下也又音弗又先師父名叔

梁紇告音谷啟告也本音誥朔月之吉日又北方也頒音班賜也又頒兩旁曰頒孟子頒白者半白黑

者也牲音生犧牲識音志誌其政事本音式宏音紘大也廣也雎音沮雎鳩水鳥寤

音悟寐覺樹音豎種也立也本音孺咎音臼愆也惡也過也勢音世豪勢形勢殺音煞斬也

褊音匾褊小陿隘也 模音謨規也 坫音店反爵之器 斥音赤損也又指斥而言之也又黜也

嬖音賁便幸也 薨音轟諸侯死也又羣飛聲 範音犯法也式也又防範隄防模範也 從音縱放也又總領二音本音崇

皦音皎明也又玉石之白者 濁音濯不清 從音縱隨行也又總縱二音本音从

鐸音劇鈴屬金鐸軍法用之木鐸文教用之 舌音折喉舌 紹韶上聲繼也續也又音卲諡法疏達繼位曰紹又介紹之紹

慙音讒愧怍也慚同 揆音跪度也

里仁第四

濫音檻溢也 惡音烏驚歎辭又何也本入聲 沛音貝顛沛傾覆流離之際本音配 偶音耦數雙曰偶又合也竝也對也諧也又適然也俑也像也又伉儷也又姓 掾音彥公府吏又音現 恨怨之極也

役音域使也行也傜役也 猖音昌狂也獗也 趣音趨向也本音娶 唯音葦應之速也本音

帷 呼 音嘑喚也大呼也謼同本音滹 乾 音虔天也健也勤也 怡 音儀悅也 撻 音闥杖也擊也 召 呼也名同 憶 音益念也思也記也 複 音福重也 訥 奴骨切難言也遲鈍也吶同 瀆 音讀思也易再三瀆又溝瀆又江河淮濟爲四瀆

公冶長第五

妻 音砌以女與人曰妻本音淒 縲 音纍黑索也 絏 息列反音洩攣也 攣 拘攣係也又音戀手足曲也 獄 音玉犴獄所以繫囚 縚 音滔劒衣 适 音括疾也 謚 音示行之跡也誄行立號以易名也 瑚 音乎祭器夏曰瑚商曰璉 璉 音輦 展 音輾開也舒也誠也信也 盛 音成黍稷在器曰盛本音晟 佞 音甯巧論捷給亦作詖 禦 音御止也拒也扞也 屢 音慮疾也煩數也 憎 音曾惡也 辨 致力也 亞 衣架切音婭次也少也 雕 音凋刻琢 乘 音成因也古作椉又去聲

桴 音夫筏也又擊鼓杖也
孚 音夫信也
筏 音伐桴也大曰筏小曰桴
敝 音幣壞也敗也
糞 音僨殨也培也
朽 音圬鏝也
腐 音父朽也又豆腐
鏝 音鏝塗壁又大戟
孜 音茲勤也汲汲也
斃 音敝枝死
儆 音景戒也
勵 音厲勉力也
棖 音橙門兩傍木也又申棖人名
慾 音欲淫慾嗜慾
嗜 音視好也欲也耆同
悻 下頂切音涬恨也怨也又恚貌
罕 希少也亦作罕
圉 音語圄圉又圉人掌養馬者
娣 音弟妻妹也
訪 音舫謀也問也謁見也
奔 音犇疾走
姞 音吉后稷元妃
產 音鏟生業也
僑 音喬旅寓而居
恪 克各切愿也恭也謹也
鄗 音姤陋也又都鄗五鄭爲鄗
洫 音侐田閒水道廣深八尺
廬 音閭草舍
嬰 音英孩也逆也
藻 音棗水草又文辭曰藻
棁 音啜梁上短柱
柱 音宁楹也又音筯
栱 音共柱頭斗栱
爰 音袁於也行也引也又緩辭又爰書以文書代換其口辭
穀 音耨穀於菟楚大夫名本音垢
菟 音徒
匹 音疋

偶也配也猾音滑亂也狡也三蘇暫切本音叁父音甫男子美稱本音輔使音試將命者本

音史賂音路賄也遺也割音葛截也斷也剝也害也希音稀止也望也少也稀同浼音美污也

醯音希醋也醯同醋音措酸也予音羽授也本音余我也駟音四四匹也足音怚

過於恭也本入聲窬音俞踰牆又竇也盍音合覆也合也何不也誇音夸逞也又大言也

沂音夷水名在魯地付音仆授也畀也羈音機馬絡頭也靮音的馬韁

雍也第六

擾音繞煩也亂也乙音一干名歲在乙曰旃蒙凶音匈不吉也媸音鴟醜也癡也慊

音歉恨也少也本音怯奈音耐無奈何熾音幟火盛貌粟音夙黍屬釜音父量名容六

斗四升斛音穀十斗器乏音伐匱也無也拒音巨禦也違也抵也格也犂音黎雜文又耕

貝剡同騂音觪赤色周人尚赤犧音羲宗廟之牲瞽音鼓無目者瞍音叟目無眸子瞍同

鯀音袞大魚又禹父名係音系聯絡也統屬也纖音銛細也微也又音尖驁音傲馬腹繫又

轡僨躁進貌費音祕邑名本音廢汶音問水名又音珉祕音泌密也神也祕同境音景

界也亦作竟牖音有穿壁以木為窓癩音賴疥也訣音決絕也別也又方術要法也簞音丹

竹器瓢音薸瓠也觚音互匏也又音胡窶音巨貧而無以為禮也芻音初草也豢

音患養也穀食曰豢迂音紆遠也廣也殿音站軍敗後奔曰殿又鎮也書殿天子之光本音電走去也

奔也僕也今人自謙曰走猶言僕隸馳走之人趍同鞭音編馬箠策還音旋返也轉也本音環鮀

音沱魚名諛音予諂諛耶音爺疑而未定之辭邪同彬音賓文質備貌驟馬疾行又奔也

滯音治積也凝也淹也留也夸音誇奢也觚音孤鄉飲之爵又稜也稜音楞觚也又神靈之

威也 逝音筮往也去也亡也 誔音廷歎也 畔音叛田界又背也書畔官離文 汗音捍人液也 醫音衣療病亦作毉 痿音委濕病脚軟貌 痹音皮痺同 認音刃識物也 肉音辱肌肉 贍音膳賙也給也足也

述而第七

衷音中方寸閒 徙音洗遷移 岐音其山名又路岐道旁出也 倨音遽倨傲不遜 脩同修脯也 脯音甫腊肉禮記牛脩鹿脯 脡音挺脯肉 贄音至見面禮質同 憤音忿怒也又心求通而未得之貌 悱音斐欲言而未能之貌 馮音平馮河徒涉本音逢 搏音博索持又手擊也 涉音攝徒行厲水也 諾音搦應辭又以言許人也 輒音摺車兩輢也又每事即然也 瞶音外極視也瞶同俗讀貴 餓音臥饑餒也 蹝音洗草履 飯音反食也飧也本音梵 肱音觥臂幹

枕音正以首据物又上聲臥薦首者　葉音攝楚縣名本音時　俛音勉勤也亦作俯　孳音兹生也汲汲也　魋音頹獸似熊而小淺毛而黃者　向音餉地名　趨疾行也　邁音賣往也過也老也行進也　弋音亦繳也　射音石以生絲繫矢而射又音亦本音麝　屬音竹付託也會集也本音孰　獵音躐田狩總名　較音所田獵相較本音教　取音趣取婦娶同本上聲　誄音雷上聲音磊哀死而述其行之詞也　祇音其地神又音支　祈音其求也告也　猛音蜢勇也嚴也威也暴也

泰伯第八

寖音浸漸也漬也　崩音浜自上墜下曰崩　葸音洗畏懼貌　絞音佼急切也又纏也縛也縊也　卯辰名歲在卯曰單閼　兢音京戒也恭也不自安也　衾音欽大被　旻音民秋曰旻天　校音教計量也本音效　隘音呃陋也陿也險也　肌音饑膚肉　膚音夫皮也　穢音歲污也蕪也荒也

滓音子激也濁也　灑汛水也又上聲洒同　冠音貫加冕於首本音官　嗇音色愛也吝也慳也
歉音嗛不足貌又穀不升曰歉　碌音六多石貌　摯音至握持也　侗音通無知貌又同統二音
愿音願謹也愨也善也　悾音空信也愨也又無知貌　屑音薛潔也碎也輕也　蹄音第踢也又音提足也踶同
齧音孽齒斷物　竦音悚恭也又竦動也　巍音危高大貌　煥音渙光明也
契音屑舜臣名卨同本音氣　陶音堯皋陶舜臣名本音淘　召音邵地名召公奭所封之采地也
奭音式盛也　閎音宏巷門　夭音妖屈也短折也又音腰　散音傘散宜生文王時人又流離不聚也本去聲
雍去聲州名　兗音衍州名兗同　斷音短截也剪也史記斷髮文身本音段　菲音斐薄也又音非
黻音弗蔽膝也以韋爲之　冕音免冠有旒　溝音勾水瀆　鏬音鰕去聲孔隙也折釁也[illegible]同
膝音悉股骨蓋也膝同　界音介限也境也　潦音老行潦路上流水

子罕第九

緇 音淄黑色又音于 **縷** 音呂綫也又繿縷敝衣也 **牢** 音勞圈也猛犴也堅固也 **叩** 音寇問也又音口 **瑞** 音睡嘉祥也又以玉爲信曰瑞 **齊** 音茲裳下緝也又音齋本音臍 **咨** 音茲謀也又嗟也

喟 嘆聲嘳同 **鑽** 穿也又去聲又穿物之錐 **恍** 音晃昏也又荒芒 **惚** 音忽恍惚也又失意也

窈 音杳深遠也靜幽也 **赴** 音仆奔也至也趨就也 **差** 瘥同病瘳也又嗟釵雌三音 **簀** 音責牀棧

匵 音獨匱也櫝同 **賈** 音嫁值也價同本音假 **沽** 音姑賣也 **匱** 音貴匣也又乏也竭也

賣 音邁售也 **衒** 音眩行且賣也 **售** 音授賣去也 **訂** 評議也 **停** 音廷止也定也息也

醜 音丑類也羞也惡也 **簣** 音匱土籠也 **仞** 音刃八尺曰仞軔同 **忤** 音悟逆也又逆戾也

帥 主也統也凡稱主兵者爲將帥 **緼** 音韞枲著也 **貉** 音鶴皮可爲裘貈同又音貊北方之國名也

枲音洗麻有子者忮音至恨也害也豉音事豆豉敊同雉音痔有五種東曰鶅西曰鷷南曰翟北曰鵗伊落之南曰翬又城五版爲堵五堵爲雉激音棘濤激又感激錘音垂稱錘又音捶鍛器也卦音掛筮也仆音付偃也嫂音掃兄妻嫂同偏當作翩反當作翻偏反言華之搖動也詩偏其反而本音返阻音祖隔也險阻也山巇曰險水隔曰阻薔音墻聚也

鄉黨第十

宛音豌宛然猶依然也又音鴛恂音荀信也樂也又嚴謹之貌便音腁便便辨也本音卞安也侃音衎剛直也又音看誾音銀和悅而諍諍諫也爭同踧音蹴踧踖恭謹不自安也踖音跡擯音儐棄也又出接賓者儐同勃音渤勃然色變貌躩音攫盤辟襜音幨韍也整貌占音沾簽也測也翼音亦宿名翮也敬也衛也紓音舒緩也閾音域門限也闑音臬

門中㦝

宁音佇門屏間禮天子當宁而立摳音彄以手攝衣縫音逢以緘紩衣縫同本音鳳物裂處

躡音聶登也蹈也攝也履也跌音迭踼也差也蹶也鼻音㿚引氣者級音伋等也次第也

圭音閨瑞玉珪同踖音縮促狹也促音簇近也迫也短也催也曳音曳引也徐也踵

音塚足跟又繼也躡也覿音狄見也緅音鄒青赤色緣音彥衣純也公孫弘緣飾儒術本音袁

褻音薛私服裏衣也又狎近也袗音紾單衣也絺音鴟葛細曰絺綌音隙粗葛也綌同

單音丹孤也獨也又音蟬縐音皺蹙也縮也麑音倪鹿子裼音昔袒裼露臂也裘單曰裼重

曰襲鹿音六麋鹿袂音寐袖也長音仗多也剩也又度長短曰長本音場佩音倍大帶也又

服之也觿音兮角錐銳端可以解結礪音戾砥石也又磨也幅音福布帛廣也襞音壁襞褶

疊衣也縫音鳳隙也衣會也葷音薰辛臭蒜屬俗讀昏膾音檜切肉細者爲膾腥音星

生肉**饐**音縊飯傷熱濕**餲**于邁切音嗄味變也**飪**音衽烹調生熟之節餁同**爛**爍爛光明貌又

熟也**醬**醢也**蔥**音聰葷菜葱同**買**市也售人之物也**嘗**音常探味也**撤**音掣除去

也又音徹**胙**音助祭餘肉**窒**音質礙也塞也**蔬**音梳菜總名**羹**音耕五味和羹又肉汁不

致五味曰太羹**瓜**音畢定辭必同本音蝸**儺**音那卻惡凶**阼**音祚東階也**疫**音域瘟也

饋音蕢進食以餉也餽歸同**廄**音究馬舍廄同**餕**音俊食之餘**首**音狩有咎自陳又頭面也

晉同本音手**拖**音拕引也本平聲曳也**紳**音身大帶之垂**殯**音擯殮也殯殡同**式**音識

則也度也制也敬也**憑**音平依也**迅**音信疾也**挽**音輓手扳又唁詞曰挽亦作輓**雌**音嗟鳥母

嗅音齅雉鳴也**啄**音琢鳥啄**戛**音甲戟也長矛也又擊也戞同**闃**傾入聲寂靜易卜無其人

又音貴門中厥俗作闠誤**翅**音試翼也又奚翅猶言何但也

下論

先進第十一

朴音扑素也傳斲雕爲朴亦作樸棫樸木叢生貌厄音阨災也戹同玷音店玉病又音點桲外棺曰桲槨同

棺音官棺桲鯉音里魚名館音管客舍館同又去聲驂音參駕三馬也又驂乘

賻音負贈終者之布帛鬻音欲賣也粥同副音富貳也佐也噫音衣傷痛聲悼音導哀也傷也

慟音動哀過也行音杭剛強之貌本音衡悝音恢病也憂也繆音謬戾也又謬平聲纏綿也又音穆與穆同本音妙

冢音塚長也大也攘音瀼攘也竊也剝音搏落也脫也削也

泣音湆無聲出涕鈍音遁頑也不利也確音慤的確婢音陛女奴喭音岸粗俗也

空音控缺乏也本音崆億音億十萬曰億又料度逡音竣卻退貌又音峻巡音循視行貌

縮音蹜斂也直也又收也捐音沿棄也讎音稠匹也怨也讐同鋒音風刀銳鋒同虐

音瘧酷也苛也冊音策符命也冊同晳音昔白也晰同饉音僅菜不熟也哂音矧微笑也

頫音眺諸侯來會也又低頭聽也亦作俯字讀撰音僎具也爲也本音饌雩音于舞雩禱雨處

歆音翕休息也煦音許溫也和也袷音夾衣無絮也裌同盥音貫澡手又音管巳

音俟辰名歲在巳曰大荒落祓音弗除災求福也壇音檀場也封土爲壇墠音善除地曰墠又音

繕欠少也侔音牟齊等貌這音柘此也

顏淵第十二

預音喻及也干也參預也件物之條目判音泮分也斷也躁音竈急進也疾也動也不安靜

也欽音衾恭也又姓儼音琰矜莊貌坤音髡地也又卦名又婦道也槩音蓋大槩大率

也概同 譖 讒毀也 愬 音素愬兔也訴同 廕 音陰芘也又陰景曰廕 漸 音尖漬也浸染也流入也本音斬 潰 音恣浸也漚也 冤 音淵枉也屈也 倉 音蒼藏穀廩 廩 音懍倉有屋曰廩古作稟 豹 音報獸名 鞟 音廓皮去毛也鞹同 合 音蛤十龠曰合本音盍 什 音十什物又詩十篇為什 需 音須待也索也 臼 音咎舂臼 邾 音朱國名 掖 音亦以腋持物也 獎 音蔣勸也勸也獎也譽也奬同 詰 音乞問也責治也書詰爾戎兵又不已曰詰朝 礙 音艾止也阻也又防也碍同 慝 音忒惡之匿於心者 鄉 音嚮前日也本音香 戀 音變眷念也恋同

子路第十三

赦 音舍宥之也 禰 音你父廟 郢 音穎楚地名 圃 音補種蔬菜曰圃又音布 襁 音繦即今小兒棚 闢 音甓開廣也辟同 完 音桓全也繕也保守也 校 音效學宮也夏曰校又音教

員音袁官數物數又幅員也　醕音湣釀也厚也　淪音倫沒也又渾淪未相離貌　髓音瀡骨中
脂髓同　苢音舉魯邑名又草可爲繩者　睟音遂睟然清和潤澤之貌　益音坱盆也又豐厚盈溢之
意　硜音坑小石之堅確者　筲音梢竹器容斗二升　筭音蒜計也筭同　皎音矯潔白也月光也
狷音脊知未及而守有餘獧同　絹音眷繒也　拔擢也抽也又破城邑而取之曰拔　嘐音虓
誇語也孟子其志嘐嘐然　爻音肴交也效也　偲音司詳勉也

憲問第十四

滲森去聲漉也漏也　奡音傲慢也寒浞子名　盪音蕩推盪又動盪也　詣音乂至也又造也
浞音捉漬也又羿臣寒浞　澆音獟寒浞之名本音驕　裨音皮偏將又裨冕裨同　諶音忱
信也誠也書天難諶　騈音胼二馬並駕也　綽音婥寬裕也　駁音博馬色不純又駮雜也駮亦作駮

防 音房地名又隄也禁也備也
挾 音叶持也懷也挾也
譎 音決詭也
仗 音丈兵器又去聲倚托也
糾 音九督也彈也糺同
黝 音懮微青黑色
襄 音相贊也駕也又詩兩服上襄言爲衆車之最良也又上也書懷山襄陵又成也傳克襄大事
九 當作糾
督 音篤責也察也正也董也率也又催趲也敕戒也
衿 音今衣之交衿襟同
諒 音亮信也相也又照察也
縊 音饐絞也自經死也
贖 音孰[illegible]取也又納金免罪書金作贖刑
僎 音撰具也整也又音饌
錫 音昔青金又賜也
壬 干名歲在壬曰玄默
蘧 音渠蘧蘧有形貌又姓
瑗 音院大孔璧
彰 音章明也著也
艮 堅也止也限也卦名也
驥 音既善馬之名
寮 音聊同官爲寮
劣 音埒頑也弱也鄙也
擊 音棘抑也打也
磬 音慶以石爲樂器亦有用玉者
荷 負也又平上二音
蕢 音匱草器
擔 音儋負荷也背曰負荷曰擔又任也任力所勝也又去聲
揭 音氣褰衣涉水本音結
例 音戾類也比也槩也
陰 音庵諒陰天子居喪之名

本音喑　壤乾土也　脛足骨也又音悻　蹲音存踞也又足跧也　踞音句蹲踞箕踞夷俟也

衛靈公第十五

亨音脝通也亦作享謂朝獻也又作烹謂烹飪也亯同　鰌音秋魚名鰍同　隕音允落也又音員幅隕言地形也　輅音路大車之名商輅木輅也　旒音流冕旒帝十二至地　斟音箴斟酌　酌音勺盛酒行觴曰酌又參酌量度也又益也行也取也詰也　飭音赤整備也又修飾也　几音記凭器亦作機　慧音惠信通解也　僥音徼僞也又音堯　譽音于揚人之善而過其實本音鸒　廓音鞹開也虛也大也　奴音孥僕隸爲奴　涖音利臨也莅蒞同　侮音武戲玩　鰥音關魚名又老而無妻曰鰥又矜同

季氏第十六

兕音俟似牛一角青色　柙音洽藏獸檻　楯音盾闌也又春順二音　戟音棘有枝兵也

瘠音籍瘦也　箝音鉗束也傳箝天下之口　佚音泆安佚豫也　岳音樂州名天岳山名山在洞庭湖又姓

愆音牽罪也過也　畀音秘付與也　壅音雍塞也障也塘也又上聲擁同

陽貨第十七

瞰音闞俯視也矙同　亟音氣數也遽也本音棘　詘音絀枉曲也又辭塞也　佛音怭輔也詩佛時仔肩本音勿

肸音迄嚮布也又佛肸晉大夫　弼音怭輔也助也正也　牟音謀牛鳴也又速也侔同

磷音吝薄也又音鄰　涅音捏染皁物　皁音造黑也又食牛馬器皂同　遮蔽也襴也

椅竹椅俗呼坐凳爲椅又椅桃木弱貌又音衣木名　原音願謹也又鄉原似德而非德德之賊也本音元

荏音衽柔也又蘇屬　慤音確謹也善也愿也誠也　吮泉上聲敕也戰國吳起爲卒吮咀　癰

音雍疽也

舐 善指切音氏以舌取食物也䑛同

痔 音雉痔漏

陗 音哨峻也險也急也

孺 音樹稚也幼小之稱孺穉同

燧 音遂取火之木又烽燧

棗 音早果名

柞 音昨木名柞同

槱 音由作槱取火之木

粥 音竹希飯

縓 痊去聲淺赤色韇弓黃裏源緣又音詮

絰 音迭喪服首絰象緇布冠腰絰象大帶

跂 音氣舉足望也又音起

奕 音亦大也累也又圍棋也

訕 音汕謗毀也

謗 毀也訕也謗同

訐 音結攻發人之陰私

伺 音司偵候也又察也又音寺

微子第十八

箕 音朞宿名又簸箕箕帚

佯 音羊詐也

咈 音弗違也戾也又音佛

沮 音疽沮洳浸溼之地

轡 兵背切音帔馬轡也

滔 音縚漫也又水大貌

耰 音攸覆種也

憮 音武愛也媚也憮然悵貌

悵 音唱失志望恨貌

蓧 音調去草器

芸 音云香草可辟書蠹當作耘去轉也蒷同

蕢 音叩

號饕餮貪財爲饕貪食爲餮**竄**取亂切音攛逃也又黜竄改易也**裸**音蓏裸裎露身也**繚**音聊繞也

纏也又了料二音**侑**音佑勸食也耦也配也**鼗**音桃小鼓兩旁有耳鞉同**島**音倒海中之山也

伶音陵獨也樂工也**俄**音莪俄頃速也**施**當作弛遺棄也**惓**音權謹也悶也又惓惓不忘也

突音怢突如卒然也又觸也欺也**騧**烏瓜切白馬黑喙又音戈本音蝸

子張第十九

泥音膩滯也不通也本音尼**文**去聲飾之也本音紋**闌**音蘭殘也盡也礙也衰也遮也又階除木勾闌也亦作欄**肩**音堅膊上**多**與祇同適也**梯**天黎切木階也**妣**音比母歿曰妣

堯曰第二十

歷音歷數也所以記歲時**允**音狁信也肯也**牡**雄獸曰牡**閱**音曰視也歷也又閥閱明其等

曰閥積其功曰閱賫音徠予也賜也出音毳使之出也本音黜酷音哭苛虐也慘刻也卒
急也忽也速也倉卒也本音倅刓音岏剸也史記封爵刻印

上孟

梁惠王

罃音英長頸瓶幣音敝帛也軻本音珂以孟夫子諱不敢名之讀曰某叟音瞍長老之稱
饜音厭飽也沼音詔方池麋音眉鹿之大者亟音激速也急也促也迫也囿音又苑有
垣者麀音攸牝鹿鶴音學潔白貌本音貉牣音刃充滿也詩於牣魚躍偕音皆同也翯
音學鳥羽潔白貌牝音臏畜母害音曷何也本音亥填音田塞也滿也又鼓聲又音電數
音促密也又音朔本音素洿音烏窊下之地濁水不流汙同斤音巾斧斤又十六兩爲斤俗作觔撙

音鱒裁抑也禮恭敬撙節 窊烏瓜切音窪窊下之處 左與佐通用左右相助也易以佐佑民 狗音笱

犬屬 庠音祥有虞之學養老之官 孕音肖妊也又音滕 黔音琴黑色秦言黔首又音箝 莩

平表切音摽餓死人也殍同又音孚 賑音袗舉救也又音振富也 貸音太借也俗作代 炭音嘆燒木

存形故曰烏薪 梃音廷杖也 頂音酊顛也 庖音袍廚也取烹庖之義 俑音勇從葬木偶人

虜音魯酋也亦作擄 耨奴豆反音鎒耘也 梗音耿枝梗又直也橈也 敵音狄抵也當也

拒也仇也 槁音杲木枯槀同 浡音勃興起貌 頸音景頭莖 齕音核齧也 釁音興去聲言

焮牲血塗器曰釁血者幽陰之物釁用血蓋所以厭變怪禦妖釁也又罅隙曰釁爭端曰釁 觳音斛觳觫牛懼貌

觫音肅 核音㱾果中之實 鑄音誓鎔金又範 擴同廓張大也 廚音除庖舍宰殺之所

忖思也度也 銳音睿利也芒也俗讀歲 腋音亦左右肘脅之閒 構音冓結也牽也 撫

音甫安也慰也摩也接也賈音古坐貨曰賈本音假惛音昏亂也癡也聞去聲聲譽曰聞本音文

籥音藥似笛三孔而短小蹙音蹴急也蹂也迫也蹴同頞音遏頞也旄音毛旌旄又音冒老

人也額音詻額也題也顙同濩音互布濩流散也又音鑊蕃音煩盛也蕘音饒薪也又刈草曰

芻采薪曰蕘燻音熏燻鬻秋人名熏音焄火氣盛貌燻同徂音殂往也詩我徂東山祜

音戶福也共音宮恭也舜共己正南面本去聲衡音橫不順也本音恆拯音整援也助也捄也抍同狩音獸巡狩也又

儛音武翻儛山名也琅音郎琅邪地名又琅玕美石似玉又倉琅宮門縮首銅環

圍守也守同穫音鑊刈禾也又音戶睊音狷側目貌糗音嗅糗糒乾糧也糒音備糒同

徵音徵五音之一徵招是也本音征招與韶通用本音朝址音止基也阯同哿音荷可也

嘉也煢音瓊困悴貌惸同頑鈍也痴也瓊音煢赤玉瀦音朱水停處悴音卒憔悴

裹 音果藏也又包也纏也

餱 音候乾糧詩迺裹餱糧餱同

戢 音輯斂也藏也又安集也本音濈

托 音柝手承物貌又推也開也拓同

輯 音集斂也和睦也聚也

乾 音干燥也本音虔

亶 音但誠也篤也大也多也又憚但二音

滸 音虎水涯

聿 音馭循也遂也述也惟也

蠱 音古媚也惑也

剖 音瓿判也破也

墮 當作隳毀也敗也傳隳名城

匠 工人

斲 音琢削也斲同

璞 音朴玉之在石中者

鎰 音溢二十兩也

噲 音快咽也

旬 音循十日也

殃 音央咎也禍也

壺 音乎酒器壺同

漿 音將水漿

霓 音倪虹也

傒 音兮望也待也

稽 音機考也留也止也計較也

縶 音執縛也

虺 音毀虺蜥又音灰病也

虹 音紅螮蝀也

累 音縲縶縛也又壘類二音纍同

鬨 音哄鬭聲

慰 音尉安之以慨其情慰同

旄 音冒老人也本音毛

耄 音冒邁也禮記九十曰耄

壑 音郝坑也谷也又大壑海也

輾 音碾轢也轉輪治轂也

捍 音悍抵也衛也扞同

邠 音賓

地名太王居處

耆 音其老也長也六十曰耆

尼 音暱定也止也本音泥

公孫丑

蹵 音蹴不安貌

艴 音弗怒色又音浡艴同

膠 音交黏膏

鬲 音革膠鬲文王時人又縣名又音立

膈 音鬲胸膈心脾之間

戊 音茂干名歲在戊曰著雍拔梁朱温父名成司天監以戊類成字請改爲武後唐避武則天又改爲務至今相延譌讀之

庚 音耕長庚星名取續日爲明也又干名歲在庚曰上章

鎡 音兹鎡基田器也

吠 音肺犬聲

憔 音樵憔悴

渴 饑渴

郵 音尤境上行書舍

驛 音亦置騎今之遞馬也

馹 音日驛傳遞馬

賁 音奔孟賁勇士本音秘

撓 音鬧屈也又平上二聲

挫 音莝猶辱也又摧也折也

褐 音曷毛布

睛 音精目瞳子

惴 音綴憂懼

蹶 音厥跌也蹷同又音桂

悍 音旱性勇急也强狠也又音翰

欿 音坎不足意

揠 音軋拔出

芒 當作茫無知貌又草

端也
詖音秘險詖不正之言又音悲
肢音之肢體
辜音沽罪也
凰音皇雌鳳
垤音迭蟻封也
萃音悴聚也
蟲音蝩有足曰蟲無足曰豸
土音杜桑根白皮本音吐
綢音稠纏也詩綢繆牖戶亦與紬通用
彪音影虎文又小虎
鴞音梟鴟鴞惡聲之鳥
葺音緝修補也又覆蓋也
般音盤樂也又音班本音搬
逭音擐逃也轉也
傑音桀杰同才德出衆之稱
盲音蝱目無童子
怵音出惕也恐也悚懼也
惕音剔愛也憂懼也
函音含申也容也
泥音尼水和土也又蟲名出東海無骨得水則活失水如泥醉者似之杜詩先拚一飲醉如泥
袒音但偏脫衣襢同詩襢裼暴虎
裎音程裸裎露身也
臂膊也
窄音責迫也狹也窄同
屨音句革履
嗛音歉不滿之意又音銜
銜音咸馬勒口又官吏階位也凡口含物曰銜衘同
贐音盡送行者之禮賮同
羸音雷瘦也病也易羸其角
距音巨鷄距又刀鋒倒刺皆曰距
蚳音池蟻子
鼃音蛙蝦蟇也又淫聲傳紫色鼃聲䵷同

驩音讙馬名歡同 佼音效快也 監音緘察也領也又臨下曰監臨本音鑒監同 壟音隴壟斷岡壟之斷而高者與壟通用秦晉之間冢謂之壟本音壠 詎音巨豈也止也又未知詞也 繆音木惡謚也又妙謬二音 泄音洩漏也又音異 候音后伺也待也候同 濡音如沾濡又滯也 萊音來蔓草

滕文公

汩音骨没也又音密江名 覵音澗視也覸同 瞑音面閉目又茗明二音 瘳音抽病愈也 甸音田規方千里之外曰甸 憒音儈憒同心亂 飦音犍糜也饘同 延音沿長也引也 歠音啜大飲也 綯音桃絞也 粒音立粟一也 狼音郎獸名性多貪又狼戾狼藉如狼蹂躪物縱橫雜亂貌 盻音系恨視也 償音常還也酬也復也報也 雨音喻自上而下曰雨詩雨我公田又穀雨三月中謂雨其穀於水也本音與 捆音悃扣椓之欲其堅也 閫音捆門限也 耒音誄耒耕曲木又音

類

耜音俟耒也　㧻音琢擊也推也　饔音雍熟食也又朝食曰饔　飧音孫夕食曰飧亦作餐又

爨音竄然火也爨同　甑音正所以炊　鐵音驖黑金銕同　械音懈桎梏也又器械機械也

氾音氾氾濫橫流之貌與泛通用　暢音唱通也長也　敷音夫散也又布也　瀹音躍疏瀹開滌

也瀆也治也　漯音㵍水名　注音著灌注水流射也　淮音懷水名　頰音劫面旁肉　勞

音撈慰勞本音牢　來音賚勞來答其勤曰勞撫其至曰來又慰勉而招之也倈同　惇音敦厚也又音肫心

實也　提音緹挈也又招提浮屠所居也　撕音西提撕　嚮音鄉人君南嚮當階門也　皜音槁潔白

貌暠同　杲音槁明也白也　燥音噪乾也又音嫂　彷音倣彷彿猶依稀也髣同　彿音弗髴同

駃音決博勞也鴂鵙同　丁音爭伐木聲本音釘　嚶音英鳥聲之和也　閟音祕閉也幽也深也

艾音乂治也息也割也本音礙　僖音希樂也　倍音備加一倍也　蓰音徙五倍也又音司義同

匍音蒲匍匐行於地匐音伏蠅音英青蠅蒼蠅蜹音芮蚊屬也嘬音蠆攢共食也

泚音玼水清也又汗出貌又音此虆音雷土籠也蘽虆同梩音里土壟也又音離木名汭音蜹

水名蚊音文嚙人蟲蚉䘌同蟈音國蠪屬也攢音欑聚也轝音譽轎謂肩轝又音余舁同

埋音霾瘞也鞅音怏馬駕具在腹曰鞅熄音息火滅也否音痞塞也閉也又鄙缶二音

姦音閒私也詐也淫也奸姧同質音至物相質當傳周鄭交質桼音兹桼樱曰桼繅音搔

繹繭為絲繰同皿食器盤盂之屬眉音枚目上毛眉同紘音横冠冕之繫以組為之繭音緘

蠶衣又繭繭聲色微貌褘音灰蔽膝又后夫人祭服禮記夫人副褘又音為盆坌平聲盎也缶也又音平

黼音甫裳繡斧形天子服飾媒音梅謀也謀合二姓也妁音勺亦媒也梓音子木名也

貿音茂市易物也亳音泊湯所都也遺音位餽也贈也本音夷亮音喨明也篚音斐

絹屬

咻 音休噢咻痛念聲又讙也

讙 音歡咻也

勘 音闞校也

脅 音揚身左右腋下也又迫脅以咸力恐人也又去聲脇同

畦 音兮田五十畝

赧 音懶慚而面赤之貌赧同

窟 音矻孔穴也

洚 音降水不循道又音洪

掘 音厥穿地也

菹 音沮澤生草也淹菜為菹亦作葅

癸 音詭干名歲在癸曰昭陽

犀 音西獸名

丕 音伾大也

倡 音昌始也又倡和之倡詩倡予和汝

螬 音曹蠐螬蟲名也

咽 音晏吞也又烟謁二音

蠐 音齊

吞 音哼咽也餐也

擘 音白手指也又擗也分擘也

蚓 音引蚯蚓螾同

跖 音職跳躍也又盜跖人名蹠同

纑 音盧練麻也

頻 作顰蹙也本常也

顣 音蹴頻顣不安貌

鶂 音逆水鳥也又鵝聲又鶃同

哇 音蛙吐也又淫聲

閤 音蛤內中小門也

下孟

離婁

筩音同截竹爲之筒同 簇音湊大簇正月律名本音促 洗音跣姑洗律名本音徙 甤音挼甤賓五月律名又葳甤花垂貌又車之垂飾纓 麪音面麥末麪同 涕音體淚也目出曰涕 趾音止足指 蹶音貴顚覆之意本音厥蹶跌也 泄音曳多人貌又怠緩悅從之貌詩無然泄泄本音洩 沓音踏即泄泄之義 訑音詆訶也訐也又音低 擅音禪自專也 女音遇以女與人 婚音昏禮娶婦以昏時故婦嫁曰婚 祼音貫祭酹鬯以灌地 走音奏疾趨之地 壙音曠墓穴也野也 獺音撻食魚者 叢音琮聚也又茂林也藂同 鸇音饘食雀鳥 灸音究灼體療病 腦音惱頂髓也 臏音牝去足也 墾音懇治也闢也 阡音千田間道南北曰阡東西曰陌 眸音牟目童子 瞭音了睛明也 眊音冒目不明貌 瞳音同目童子 搜音蒐索也求也搜同 髡音坤

鬄髮
豺音柴狠屬
適音責過也又音嫡本音失
讁音仄責也
餔博孤反音逋食也
啜音歠嘗也茹也
底音邸致也亦作砥本音抵
畎音涓田中溝甽同后稷始甽田以二耜為耦廣尺深尺曰甽
篆音瑑上聲文盤曲貌
溱音蓁溱洧鄭水名
洧音韋
杠音扛橋也又旗竿
沍音互寒凝也
閽音昏守門隷
踏音沓踐踏
剽匹妙切音勡奪也殺也又飄縹二音
錮音固禁錮重繫
湧音勇水騰波涌同
澮音膾水注溝也又音怪
涸音貉水竭傳水涸而成深
檮音逃斷木又頑嚚為檮杌
杌音兀檮杌惡獸名
兀音杌高貌又兀兀不動貌
緦音思十五升布又三月服
免音問去冠髮本音勉
拞音求
他音沱尹公他衛人也本音它
鏃音促矢鏃
儔音酬眾也侶也
揉忍尤切蹂上聲矯揉易揉木為耒又音柔調順也
狠痕上聲戾也不聽從也很同
昂音卬日升也又高也舉也
施音異邪施而行又音試本音師
墦音蕃塚也
迤音夷透迤行貌
燔

音蕃炙也爇也

詈 音吏正斥曰罵旁及曰詈

萬章

號 音毫大呼也又音譹
恝 音戛無憂愁貌
懟 音兑讐怨也
嚚 音誾口不道忠信之言也
浚 音峻深也洞也
弤 音抵琱弓也
忸 音紐忸怩慙色也狎也玩也
怩 音泥
笠 音立箬笠
空 音孔穴也
盾 音楯兵器干櫓之屬又音遁
彈 音壇糾也鼓爪也又音憚
琱 音凋治玉也
稍 叶梢上聲漸也
兜 音挽兜鍪首鎧也
殛 音亟誅也
痺 音鼻有痺地名也封象處
圮 普美切音痞傾也覆也書方命圮族又音夷楚謂橋曰圮
覲 音僅朝也
岌 音及高貌又不安貌
徂 當作殂人死曰徂落
孑 音訐獨立貌
諄 音肫誨言重復也
謳 音歐吟也歌也
嵩 音崧中岳名
芟 音衫刈也除草曰芟
媵 音孕從嫁之女
囂 音鴞喧也又囂囂無欲自得之貌

幡 音番幡然變動貌又布拭
疽 音苴癰疽
瘍 音陽頭瘡
奄 音掩覆也忿也比也
犨 音酬白色牛又牛息聲又姓也
瑕 音蝦玉有玷也
屈 音刷地名出良馬處傳屈產之乘本音缺
淅 音錫漬米水又淅瀝雨聲
膰 音蕃祭餘肉
震 音振動也威也易震爲雷
鎛 音博大鐘傳歌鐘二肆及其鎛磬
闋 音闕樂終也
錡 音螘三足釜又音奇
租 音葅田賦
佃 音甸治田之人田同
掇 都活切音剟採也拾也
傅 音附着也又牽合曰傅會本音付
般 音班還也本音搬
亥 孩上聲音頦辰名歲在亥曰大淵獻
糲 音癘粗飯
甥 音生姊妹之子曰甥壻亦曰館甥
譈 音兌怨也書凡民罔不譈
憝 音兌怨也惡也又上聲譈同
簿 音蔀藉也又音步
淹 音晻淹也滯也久留也
柝 音托夜行所擊木也
會 音儈計也本音謂
茁 音札草木肥貌又音拙
刮 音括刮削又摩也
摽 音標擊也揭也又剽飄莩三音
麾 音灰旌旗所以指麾也
杓 音勺杯杓挹抒之器也又音標北斗之柄也

猥 音葦鄙也遝也又大聲 鶩 音木野鳧又音務 旃 音氈旗曲柄所以旌表士庶 旂 音其交龍為旂 砥 音邸平也礪石也又音脂

告子

棬 音圈曲木盂 柜 音炬木名 匜 音夷盥水洗手器有柄者 戕 音牆傷也殘也 湍 音端水激湍急瀨 波 音碆浪也 瀠 音瑩水洄旋貌濴同 洄 音回瀠洄 跳 音眺躍也趒同又音迢 縱 音蹤直也從同又蹤去聲 紜 音云紛紜多貌 舛 音喘錯也駁也相背也 蠢 尺允切音春惷蠢動也 炙 音柘燔也 鑠 音爍以火銷金 銷 音消鑠也 麰 音牟大麥也 磽 音敲瘠薄也墝同 姣 音絞美也媚也佼同 蘖 音孽草木芽 梏 音谷械在手曰梏 繳 音勺以繩繫矢而射繫同本音皎 灼 音妁燒也昭也又紅盛也 蹴 音蹴蹋也踖也又不自安也 咄 音拙呵也又咄咄驚怪聲

啐 音翠咄啐嘷也又音卒 丐 音蓋求也 酢 音祚客報主曰酢醋同 握 音渥持也 檟 音假山楸榎同 樲 音二樲棘小棗酸棗也 垠 音銀岸也崖也界也地垠也 渺 音眇渺瀁水大貌 稊 音提楊枝秀也又再生枝也 荑 音提荑木初生貌詩手如柔荑 稗 音敗荑稗草似稻而實細者 彀 音冓弓矢持滿也 迎 併去聲逆也壻往婦家謂之親迎本音凝 揣 吹上聲度也量也又揣摩也 紾 音袗捩也轉也 摟 音樓牽也 軫 音袗車後橫木也又動也 綜 音粽機縷也緵同又音宗 鴄 音匹鴨也 後 音后不敢先而後之也本音厚 弁 音盤小弁詩之篇名本音卞冠也 姒 音俟妯娌年長爲姒小爲娣 關 當作彎屈也本音鰥 凱 音愷善也南風謂之凱風又凱歌戰勝之歌也 邶 音佩國名紂所都也 喘 音舛疾息也 吸 音翕出氣爲吹入氣爲吸 脛 音硜牛膝下骨也 薹 音菭草木幹也 鈃 音堅似鍾而頸長本音刑 聒 音括讙語也 蕪 音無荒也蕪也 掊 音抔掊克

謂聚歛也

歃 音霎以血塗口旁曰歃血歃同

糴 音狄買穀米

滑 音骨懵也又滑釐慎子名本音猾

訑 音夷不嗜善言之貌

蜚 音非英聲又音斐

鹽 音炎鹹鹺盬同

販 音汳買賤賣貴

盡心

桎 音質械在足曰桎

皞 音浩皞皞廣大自得之貌

拂 作弼輔也

娛 音愚樂也

殀 作夭短壽也

窾 音羽器中空也

孩 音頦小兒將學語時能鼓頷也

疢 嗔上聲疾也

眷 音涓親屬也顧念也

瀾 音闌波也

廳 音汀治官處所同

央 音殃中央又涴也

軔 音刃礙車輪木又初爲曰發軔亦作八尺曰軔

闡 音幝明也大也闢也

墊 音店溺也下也

筐 音匡筥也

拙 音棁不巧也

率 音律彀率彎弓之限也本音蟀

殉 音徇偶人送死也

舂 音冲擣米也

漂 音飄浮也動也流也傳眾煦漂出又音勡水中擊絮也

兩 音亮車數一車兩輪也本音魎

果 音婐女侍也說文作婐

騁 音逞馳騖
壝 音位壇也又音委
措 音乍年終臘祭與蜡通用
俚 音里鄙俗
殄 音忝絕也隸也滅也
介 音戛介然倏然之頃本音芥
倏 音束倏忽倏同
追 音堆鐘鈕也本音錐
蠡 音里蛀虫又音離瓠瓢也
堆 聚土
嵎 音隅山曲曰嵎
攖 音嬰觸也
脗 音吻合口又几事相同曰脗介又音宍
苙 音立畜闌
罥 音狷罥也肙同
餂 音忝取也
忝 累也玷辱也
藐 音眇小也又輕視也
眇 音藐目小也又微也
榱 音催椽也
桷 音覺椽方曰桷
踽 音舉無所親厚也又獨行貌
頹 音魋敗也暴風也
莠 音有草也似穀無實
顥 音浩大也又白貌皜同
潞 音路水名又州名
頤 音夷頷也養也俗作頥

養蒙鍼度卷之三終

養蒙鍼度卷之三

虞山潘子聲先生手定

長洲受業孫蒼璧卜山甫
湘潭後學陳樹芝醒我甫 校刊

毛詩經

謡音堯徒歌曰謡 闈音圭內房門上員下方 肄音異習也勞也又斬而復生曰肄 沱音鮀滂沱大雨滀同 筦作管傳鏞鼓筦弦又以筦窺天 鄠音戶鄠杜縣名 騶音鄒仁獸 窕音佻善容曰窕 逑音求匹也 鷖音衣鳧屬 荇音杏水草 圜通作圓漢書從諫若轉圜又音環圜也後漢冠帶圜橋門 芼音冒熟而薦之也又音毛 妃通作配匹也對也本音非 覃音潭延也長也布也又深廣也

据俗作據拮据動作不輟之貌 婣音因婦家曰婚婿家曰婣 萋音妻盛貌 喈音皆和聲之遠

聞也 蔓音曼葛屬傳無使滋蔓 刈音乂斬也 濩音鑊渚也又音互流散也又樂名 鑊音濩

鼎鑊鍋也 癡音絺呆也痴同 澣音緩濯垢也浣同 撋音嬬推物也 頃當作傾欲也又謚法

甄心動懼曰頃本音縈 寘音至舍也止也安著也 鼠音暑晝伏夜動之獸俗呼耗 崔音摧崔嵬

土山之戴石者本音催 嵬音危 虺音灰病也又音毀虺同 隤音頹虺隤人馬病之通名又摧也下

墜也隤同 觥音肱以兕角為爵受七升罰失禮者 脊音跡背脊 砠音疽石山戴土曰砠 瘏音塗

馬病不能進也 痡音敷人病不能行也又音鋪 吁音虛憂嘆也于同 盱音虛張目望遠也又水名

羑音酉羑里文王所囚之處 樛音鳩木下曲曰樛 藟音壘葛藟 纍音雷猶繫也 縈

音縈旋也繫也收卷也 螽音終蝗屬 詵音莘和集貌又致言也 振音眞盛貌又仁厚貌本音震

蝗音皇食苗蟲 揖音輯會聚也本音邑 蕡音文艸木多實 罝音嗟兔網 椓音琢刑也 赳音九輕武有才力貌 杙音亦橛也所以格獸 逵音葵九達之道 芣音浮芣苢車前草也 苢音以 穗音遂禾穎也 捋音鸞入聲掇取也 袺音結以衣貯之而扱其衽於帶間也 貯音苧盛也居也積也 扱音插收也引也舉也 襭音絜 嶓音波嶓冢山名 冢音蒙嵸同 岷音民山名崏同 翹音喬秀起之貌又企也鳥尾也 秣音末飼也 蔞音閭蔞蒿 枚音梅枝曰條幹曰枚又箇也又不決其事書枚以卜吉凶又軍行疾走曰銜枚 惄音溺飢意又憂也思也 調音周重也一作輖本音條 潁音郢潁川州名 輈音周重載也 魴音忘魚名 赬音蟶赤色䞓同 蟶音稱蚌屬 燬音毀焚也 昵音暱日相近也 麕音君獐屬麏同 定音訂額也一曰麟之定又營室星也又曰定之方中本音錠

召南

御通作迓迎也木音寓姪音秩兄弟之子蘩音蕃白蒿沚音止小渚詩同僮音同竦敬也又婢僕之總名也喓音妖蟲聲趯音剔躍貌忡音充憂貌覯音冓遇也蠜音樊阜螽蕨音決艸名惙音輟憂也又意不定萍音平浮生水艸薸音瓢萍屬厓音涯山邊水邊皆曰厓筥音舉竹器方曰筐圓曰筥湘音相烹也又水名菹音疽淹菜爲菹亦作葅澤生草也奠音殿定也薦也置祭也醢音海肉醬芾音廢蔽芾木盛貌又音弗茇音跋草舍鈸音跋銅鈸相繫以和樂憩音氣息也憇同墉音容城牆也紽音沱以絲飾裘之名駝音跎駱駝背有肉鞍如峯委音威委蛇自得之貌本音猥蛇音儀與虵通用本音佘緎音域裘之縫界文絲數也總當讀宗素絲五總本音摠殷音隱靁聲本音慇遑音皇暇也急也酢音措酸醬

也本音作朁音鐕女子首飾塈音戲息也又取也亦作塈本音忌泥飾屋也嘒音惠微貌又小聲

噦音諱車鑾聲徐有節也又鳥聲遬音速齊遬謹慤貌猶蹙蹙也昴音卯西方宿名裯音儔

禪被也汜音起水決復入為汜又音祀跎音佗蹉跎也又失足也懣音滿煩懣也又門上聲

獐音章鹿屬麞同樕音肅樸樕小木純音豚純束猶包之也本音湻脫音兌舒緩貌本音稅

兌音隊以物相交易也又卦名帨音稅巾也尨音忙犬也凜音廩凜冽寒貌襛音農

華木稠多貌雝音雍和也栘音夷棠棣也豝音巴牡豕也蘆音盧葦屬豵音宗

一歲豕透偷去聲通也微也過也液音亦津液也

邶風

鄘音容國名在朝歌南漳音章水名跨音胯越也騎也漕音曹衛邑名也又以水通輸曰漕

墟音區大巨墟同澶音蟬澶淵地名翱音敖翱翔梵音凡去聲梵唄羌戎吟聲又音馮木得風
貌緻音致精緻拊音甫循也擊也又搏拊樂器訧音尤罪也過也惡也愔音陰安和貌又
悅也鳦音一燕也嬀音圭水名州名又姓頡音絜飛而上曰頡又直項也又音戛頏音杭飛而
下曰頏又音吭伫音宁久立也勗音蓄勉也謔香入聲戲言也霾音埋雨土曰霾又風雨蒙
霧也霿音茂區霿無識又音蒙曀音縊陰而風也嚏音帝鼽嚏也鼽音求寒病鼻塞也
鏜音湯擊鼓聲鏑音嫡矢鋒鏃契音棄隔遠之意又音屑本音氣洵音荀信也又水名
劬音懼勞也勤也僚音聊友也同官也又音了叡音睿智慧也睿同本音銳晛音衍晛晥清和
圓轉之意又視貌唍音緩詒音怡遺也贈言也齎賫同持也送也又音咨褰音騫扳衣
也又袴也襪同瀰音米水滿貌又音迷鷕音夭雌雉聲晷音癸以表度日也又規也盱音虛

日始出也旭音蕭日初出貌泮音判學宮名又散也岐也卬音昂我也書不卬自恤又高也舉也又翹

首望也黽音敏勉也又黽池縣名葑音封蔓菁也又音瞁葑田菁音青菜名又菁茅茅有刺者又

音精盛貌葍音福惡菜也薺音洮甘菜湜音殖水清見底又持正貌笱音苟竹器承梁之空

以取魚者笄音基簪也禮女子十五歲而笄翊音亦飛貌亦作翼堰音偃壅水也又埭也又音燕

慉音畜養也洸音光武貌又水湧貌潰音繪怒色也又亂也逃散也潰同芘音泌蔭也庇同

草木作芘屋宇作庇瑣音鎖細也又玉聲褎音又多笑貌褎如充耳又音袖猶袪也羔裘豹褎又服飾盛貌

聾音龍耳病無聞也嘲爪平聲言相調也俁音語大貌韁音姜馬繼渥音握厚漬

也赭音者赤色隰音習下濕曰隰又平聲苓音陵茯苓藥名侏音朱短人也俳

音排俳優雜戲也毖音秘泉始出之貌又謹也孌音巒美好也臠音孿上聲肉臠也沸

賫上聲地名餞音俴送行之宴又音賤姊音子女兄也脂音之脂膏也舝音轄車軸
也轄音匣管轄遄音傳速也又往來數也涓音捐小流貌埤音琵厚也增也附也又音
卑琵音皮琵琶樂名推手前曰琵引手却曰琶雱音滂雪盛貌滂音旁沛也渥也滂同邪
音徐緩也又音耶本音斜且音疽語助辭易其行次且霏音非雨雪分散之狀姝音樞美色踟
音池踟蹰猶躑躅也蹰音厨躑音擲躑躅行不進貌亦作蹢躅音逐彤音同赤也又餙也
煒音偉盛赤也光明也偉音葦大也奇也又人材傀偉也懌音亦悅也贈音層去聲送也遺也
籧音渠籧篨竹席也篨音除囷音君廩之圓者瘇音冢癰也浮脹也洒音璀高峻
也亦作灌又音洗本音灑景古影字本音儆漾音恙水名又浮遊貌又上聲驪音鸝馬深黑色

鄘風

髿音髫髮垂貌　萏音窞菡萏荷花也　髦音毛髮也俊髦士中之俊如毛中之髦又髦選也俊士之選也又音謀西夷之別名　囟音信顖蓋顱同　茨音慈蒺藜也又茅茨也　埽音噪除也棄也亦作掃

冓音姤交積材也又十秭曰冓又中冓宮中構結深密之處　姤音遘遇也偶也又卦名　蒺音疾蒺藜草名　珈音加首飾　紞耽上聲懸瑱之繩用雜綵線織之傳衡紞紘綖　瑱他甸切以玉係紞充耳不使忘聽也又音珍

玼音此玉鮮盛貌又音疵　鬒音軫黑髮而稠　髢音第髲髢也　揥音掣所以摘髮也　繪音膾帛也又繢有繪者　髲音避以髮爲之　擿音剔發也動也本音窄　瑳音剉玉色鮮白瑳同

展音戰衣也見君見賓客之服本音輾　皺音縐眉攢也皮皺也　緤音屑繫也馬韁也絏同　袢音半紲袢束縛意本音煩　媛音院美女也又音袁　沬音妹衛邑又小星易日中見沬　訖音吉畢也止也又音迄

鶉音淳鵪鶉　彊音姜居有常匹飛則隨之本音強　鵲音雀鳥名　遄

音脯逃也欠也　**珉** 音民石似玉若　**臬** 音蘖射的又法也又與槷同　**協** 音挾合也同眾之和也又音覡

楸 音秋梓屬梓與楸相似　**黏** 音拈糊也粘同　**虛** 音嘔故墟也本音噓　**倌** 沽歡切音官主駕者

騋 音來馬七尺　**熒** 音縈灼也又熒燭光也　**蝃** 音帝蝃蝀虹也螮同　**蝀** 音東　**隮** 音齎登也升也

紕 音避織組又皮齒二音　**庇** 音閉覆陰也又蔭也屋宇爲庇又音譬具也　**旟** 音于畫隼旗用

隼 音筍鷙鳥祝鳩也　**斿** 音由旌旗之末垂者　**縿** 音衫旌旗正幅幓同　**唁** 音硯弔失國曰唁

跋 音茇草行曰跋　**蝱** 音盲貝母虻同音　**穉** 音治幼禾也　**療** 音料治病　**芃** 音蓬麥盛長貌又音馮

控 音腔持而告之也又止馬曰控又投也

衛風

奧 當作澳隈也　**猗** 音醫始生柔弱而美盛也又嘆辭　**槌** 音垂擊也擲也又音墜　**青** 音精

堅剛茂盛貌本音清 琇 音秀美石也 會 音怪縫也又音膾本音匯 檖 燧上聲棚也 鍛 音斷治金曰煆 鍊 音練鑠治五金煉同 輢 音倚車旁 軾 音式車前横木可憑者 槃 音盤槃桓之意又盛器 缶 音否瓦器所以盛酒漿又秦人擊之以節歌者 薖 音科寬大之意又草名 覺 音教寤也又夢醒也本音角 頎 音祈長貌 妹 音味女子後生也 姨 音夷妻之姊妹也 蝤 音囚蝤蠐水蟲 螓 音秦似蟬而小 蛾 音哦蠶蛾 驕 音嬈壯貌 幩 音焚鑣飾也 鑣 音標馬銜外鐵 茀 音弗車幃也又所以引柩 活 音刮水聲本桓入聲 罛 音孤魚罟也 濊 音豁罟入水聲本音穢 鱣 音邅似龍口在頷下背腹有甲 邅 音鱣邅邅行不進貌又音纏轉也 鮪 音洧鱣屬 發 音撥盛貌本音髮 菼 音毯荻之初生曰菼後大曰薍 揭 音孑長也 朅 音挈武貌 頷 音憾頷下 薍 音頑去聲草名又音慣 荻 音狄蘆屬 佼 音絞好也 蚩 音癡無知貌朴厚貌又蟲名 將

音槍願也請也本音漿　跪音鬼毀也又垝塴圮壞也　賄音毀賂也又贈送也　葚音甚桑實也黮同

鶻魂入聲隼也又回鶻北夷種　湯音傷水盛貌本音鏜　啞音戲笑聲又音啞醫也　泮音畔

涯也本音判　籊音笛長而殺也　儺音娜行有度本音挪　滺音由流貌又音攸　檜音膾松身

柏葉　楫音接短棹書用汝作舟楫　芄音丸芄蘭草名　悸音忌帶下垂貌又心動貌　蘿音羅莪也

汁音執液也　啖音淡食也餌之也噉啗同　韘音攝決也所以鉤弦闓軆　闓音凱開也　彄

音摳弓弩端弦所居也　蒹音兼葦屬　諼音喧忘憂草蕿同　痗音昧病也又音美　戍音庶

守邊卒也　琚音居佩玉名　楙音茂木盛也又木瓜　珮音佩寶玉　玖音久黑石次玉也亦作九

王風

戲亦作羲地名犬戎攻周弒幽王之處又春秋襄公九年冬十二月己亥同盟于戲又呼虧二音　替音剃代也

衰也委靡也　穄音祭粟名　徬音旁徬徨猶徘徊也　徨音皇　噎音謁食窒氣不通也又咽同　塒音時鑿牆而棲曰塒　佸音括會計曰佸　簧音黄笙中金葉　竽音于管二十六簧　竅音蹻去聲穴也空也　翿音桃翳也舞者所執又道導二音　其音記指人而言本音淇　屯音豚聚也又勤兵而守曰屯　蓷音推益母草又音吹　暵音罕曝也又音漢旱也　仳音痞離別也　痞音嚭腹內結病一曰氣隔不通　鵻音錐鵓鳩也　萑音完卽益母草　覽音攣觀也　嘅音慨嘆聲　罹音黎憂也遭也　吪音訛動也　罦音夫覆車也又翻車網罘同　罿音充鳥網又音同義同　罬音輟車上覆網　涘音俟水涯　漘音辰水涯　焫音爇火熾也　毳音啐獸毛縟者　啍音吞重遲貌又口氣又音諄　璊音門玉赤色

鄭風

飧音孫粟也本音饔　蓆音席稾秸曰薦莞蒲曰蓆　莆音蒲蓮莆瑞草堯時生於廚其葉自扇以涼飲

饍又莆田縣名　沿音延隨流下也又循也沿同　藩音煩屏也樊也　韌音刃堅柔難折　藪音叟

澤也　狃音紐習也狎也又犬性驕也　諧音骸和也耦也　忌音記語已辭本音芰　拔音跋迴也

又矢括也　彇音消弓弭頭　鴇音保驪白雜毛曰鴇又鳥名性淫鴇同　掤音冰矢筩蓋　驄

音聰馬青白色也騘同　韔音悵弓衣亦作韔　旁音崩馳驅不息之貌本音傍　矛音牟兵器也

酋音儔酋長蠻夷魁帥之稱也　麃音標武貌　軸音胄河上地名本音逐　馭音御駕馬也

渝音余變也汙也　攬音擥手取也　袪音區袂也　疌音昝速也又音捷　擥音覽擥持

也　摻音衫好手貌又音遝　䛼音讐棄也　吼音齁上聲虓聲一曰牛鳴又厚怒貌　珩音行楚之

白玉　蠙音胼珠母又音頻　瑀音羽石似玉　璜音黃半璧佩下之餙　璲音遂佩玉　芙

音扶芙蕖荷花也 蕖音渠 獪音儈狡也 蘀音託木槁而將落也 倡音唱倡和本音昌始也

藘音閭茹藘蒨草 阪音反陂也阪同 町音脡田畔 蒐音叟春獵也 茜音倩茅蒐可以染絳蒨同

瀟音消風雨暴疾貌 純音準衣緣也本音蓴 綬音受組綬也 達音撻放恣也本音達

儇音喧慧也利也疾也 縞音杲白也 員與云同聊樂我員又益也員于爾輔本音袁 綦音其帛蒼文色

闉音因曲城也 闍音都城臺也又音蛇 漙音團露多貌 邂音懈邂逅不期而會也

逅音后 瀼音攘 渙音煥散也釋也 訏音吁大也誇也又詭僞也 蕑音閒蘭也蘭同

勺與芍同香草也本音妁 瀏音留水清深貌又音溜

齊風

昊音浩夏曰昊天 淄音緇水名 縢音滕金縢緘繩也 峱音猱山名又大也 纉音蟦

絮之細者所以塞耳絖同壻音細女夫曰壻晞音希明之始升也又乾也曝也瞿音句驚顧貌本音渠

脆音啐鬆也緌音甤冠之纓結于頷下而其餘下垂謂之緌從音縱直也縱同又从總春菘宗訟祟

七音繻音胥裂繒也又繒采色灤音洛水地名忉音刀憂貌丱音慣兩角貌鬈

音權髮好貌鬚音須在口下曰鬚鬚同鋂音梅子母鐶也偲音鰓多鬚貌本音司鱮音序

魚名鰱音連魚名禚音酌齊地名薄音粕疾驅聲本音礴龠音藥量名濟音泲盛貌

本音祭濔音你柔貌又眾也豈古愷字豈弟樂易也本音起彭音邦多貌又音旁音滂本音朋

叨音滔忝也濫也儦音標眾貌盛貌蹌音槍行動貌扃音駉外閉之關又門上環鈕也

魏風

陿音峽隘也陜同襋音棘衣領洳音孺沮洳水浸下溼之地又音如碎音歲破也褊

音匾不圓也又音篇小也舟小曰扁舟　蕡音積水舃也　舃音昔履也赤舃冕服之舃也　殽音爻豆實餚同　其音基語辭本音洪　岵音戶山無草木　像音象形象也肖似也　屺音企山多草木

儕音柴等也類也輩也　貆音喧貉類狟同　輻音福輻輳

唐風

燮音爕和也熟也　蟋音悉蟋蟀蟲名一名蛬又名促織　蟀音率　除音箸去也本音儲階也

慆音偷過也慢也　婁音閭摟也　荎音迭五味子　枌音焚白榆也　栲音考山樗漆類也

杻音紐木名其理多曲少直材可為弓弩榦又音丑手械也　樗音樞似椿而疎惡木也樗同　檍音億梓類又名萬歲樹

尖音殲銳也小也　襮音剝領也諸侯之服又音曝　巉音饞山高貌　粼音鄰水清石見之貌

椒音焦其實味辛而香烈古皇后稱椒房以椒塗壁取其溫也　匊音菊兩手捧物也

杕音第特也孤高貌　湑音醑盛貌又音胥露貌　佽音次助也便利也　睘音瓊無所依貌

褎音袖袪也又服飾盛貌又音又　苞音包豐也茂也叢生也　栩音許栗屬又栩栩忻暢貌　盬音古不攻緻也又勞苦也

怙音戶恃也　櫟音力木也　殼音慤甲也皮也　釐與僖同福也釐王周天子也本音離

燠音澳煖也　噬音筮發語辭又頤中有物曰噬　蘞音廉草名又音斂　栝音括栝樓木器又槩栝正草名

塋音縈墓域　巔音顛山頂　甛音恬甘也

秦風

潏音決水名又聿術二音　汧音牽水名又水決入聲　耋音迭至也八十曰耋　驖音鐵馬黑色鐵同

觖音決觖望謂不滿所望而怨耳　鸞音鑾神鳥鸞鈴效神鳥之聲　獫音險犬長喙曰獫又音廉

鈴音苓似鐘而小　喙音誨鳥口也又鳥食也　騎音忌馬軍曰騎本音奇　俴音踐殘也

楘音木束歷錄也輈音舟車前曲木也靷音引駕牛馬具在胷者胤音孕子孫相承續也
鋈音沃白金茵音因褥也又車重席又文茵虎皮也茵陳草名騏音其騏驥良馬馵音注馬後
左足白穹音瓊高也又穹蒼天也軓音范車頭也軋同褥音辱裀也駵音畱赤馬黑鬛
曰駵驪同觼音決環有舌者觿同軜音納驂馬內轡繫軾前者鬣音獵馬領毛魚龍頷旁鬐厹
音求厹矛三隅矛也錞音墜鋈錞以白金沃矛之下端平底者也本音純金錞用以和樂鏤音漏雕刻也又
音閭緄音袞繩也帶也檠音擎燈架又音景䪐音祕弓檠也遡音素迎也向也湄
音眉水際躋音擠登也升也坻音遲水中高土又即紙二音鎗音槍兵器又鏗鏘也殲音尖
盡也滅也剌也鍼音拑人名本音斟鴥音聿鳥疾飛貌扊音琰扊扅門關戶扃也扅音移
檖音遂赤羅木椽同襧音薾重襧衣裘瑰音嬀石次玉又火齊珠也醴音禮其酒一宿而熟

鉗音箝以鐵束物

陳風

閼音遏止也塞也 覡音傚齋肅事神明者 湯音蕩遊蕩也本音鐺 値音治植也遏也 鉏
音徂田器鋤𣝴同 鷥音絲鷺鷥水鳥 婆音皤婆娑舞貌又老嫗也 娑音梭 差音釵擇也又雌
瘥二音本音嗏 鬷音宗釜屬又眾也 荍音翹芘芣也又名荊葵俗云荍麥蕎同 芬音分花香分布
也 塾音孰黨學名又外舍也 漚音歐漬也又浮漚水上泡也 晤音誤明也爽也又以言曉人也
菅音姦茅屬又音官 牂音臧盛貌又母羊也 肺音沛猶牂牂也本音廢 晢音制猶煌煌也
又星光也晰同 狽音貝狼狽獸名 邛音窮地名又水名 苕音條艸可爲箒者 侜音舟侜張
誑也 藿音霍香草又荳大葉 甓音闢瓴甋 鷊與鷊通用小草雜色如綬 瓴音零甓似甋有耳

甋 音嫡瓴甋甓也 僚 音了好貌本音寮 糾 音矯愁結也本音九 懰 音柳好也又音留烈也

懮 音黝懮懮憂思也 慅 音草憂也悄也又音騷 燎 音料明也又火燃也 慘 音燥憂也本音

憯 株 音朱木根 悁 音娟猶悒悒也又音淵憂也又音稍躁急也 悒 音邑憂也不安也 菡

音函菡萏荷花也

檜風

妘 音云姓也祝融之後 膏 音告脂所漬也本音高 慱 音團憂勞也 禫 音髮除服祭名二十

七月而禫又大祥後間一月亦曰禫 韠 音畢蔽膝也 韍 音弗韠也 衎 音侃信也和樂也又音看

萇 音長萇楚羊桃也又姓 娿 音阿媕娿不決又娿娜美貌又姓 娜 音那上聲娿也又舒遲之貌

銚 音挑剗削之器 偈 音揭疾驅貌又音忌釋氏詩詞也又音結用力貌 嘌 音飄漂搖不安之貌又音

標無節度也 漑音蓋滌器又音旣灌也 鬵音尋釜屬

曹風

蜉音浮蜉蝣渠畧也蚍蜉大蟻也 蝣音游 蛣音乞蛣蜣也噉糞土爲丸 蜣音羌 何音何上聲揭也木音河 祋音帶殳也又對拙二音 芾音弗冕服之韠也又音廢 禧音僖福也 鵜音啼鵜鶘水鳥 淘音陶澄汰也 咮音晝鳥喙又朱著二音 媾音姤婚也合也 薈音穢草多貌 秸音戛不稿可爲席穌稭同 冽音列凜冽寒也 稂音郎草似莠莨同 愾音餼嘆聲 郇音荀國名又姓

豳風

窋音拙將物出穴貌又不窋后稷之子 祚音胙系也 觱音必觱篥羌人所吹角也 饁音葉餉也

畯音俊田畯勸農之官　曄音葉震電貌又光燿也又音熠　曚音蒙目有瞳子而無見　條音挑枝落之采其葉也　斨音槍方銎也　隋音妥隋銎謂狹而長也與橢同本音隨　銎音穹釜空受柄之處　蔞音腰遠志也　蜩音調大蟬也　豜音堅三歲豕　莎音娑草名　墐音僅塗也又平聲　蓽音必以荊爲戶　薁音郁郁李也即棠棣　苴音疽麻子也　蘡音嬰草名　穋音六後種先熟曰穋稑同　秫音述穤也　苽音孤菰同即彫胡也　凌音另凌陰冰室也本音陵　韭音九菜名韮同　雹音薄雨冰也　癘音厲疫病　札音扎夭死曰札又小簡也　龡音吹吹噓也　鵂音休休鶹惡鳥　鶹音畱鶹同　攫音矍爪持也撲取也　拮音吉拮据手口共作也　譙音樵殺也又城上樓曰譙樓　翛音消敝也又飛羽之聲　嘵音囂急也懼也　蜎音娟蟲行貌又音淵　蠋音蜀桑蟲　敦音堆獨處不移之貌又團雕二音本音墩　箸音住進食具筯同　繣音畫繩也

緯也又音話贏音祼果贏栝樓也蠨音蕭蠨蛸蟲名蛸音筲又音消疃滿上聲舍傍隙地名熠音揖盛光也又閃爍貌又音翊燿音曜炫燿光明貌熠燿鮮明貌蜘音知蜘蛛喉音侯咽喉喉同鸛音灌鳥似鶴者縭音離縭也帶也纚同錡音其釜屬又音齮哦音我平聲吟哦銶音求鑿屬遒音囚固也斂也勁也健也迫也急也逑也盡也終也又遒人宣令之官書遒人以木鐸狥於路遘音搆遇也踐音俴行列貌又剪賤二音罭音域百囊之網鱒音尊赤目魚袞音鯀龍衣衮同鯶音鯤魚名蜼音壘猴屬尾長數尺雨則掛於木以尾塞鼻又誨宥二音繢音潰畫繪之事雜五彩繪繢同卷當讀衮以龍首卷然故謂之衮也本音眷疐音至得不行也又頓也跲也剟音掇削也擊也

小雅

呦音攸鹿聲之和也苹音平蕭也藾音賴藾蕭苹也恌音挑偷薄也佻同傚
音効學也則也洮音姚湖名又音韜縣名菣音堇香蒿也芩音琴黃芩藥名騑音非行不
止之貌倭音威回遠之貌本音渦嘽音灘眾盛貌又音闡跪葵上聲拜跪也不音浮未定
之辭又弗覆二音鵓音浡鵓鴣枸音苟枸杞藥名檵音繼枸杞諗音審告也謀也又思念也
駪音莘馬眾多疾行貌諏音陬咨事爲諏詢音荀咨親爲詢忍音認調忍也本音刃駰
音因泥驄馬也常當讀棠木名本音嘗韡音偉光明貌又草盛貌櫻音嬰櫻桃裒音掊聚也
減也鬩音虩鬩也訟也怳音恍狂貌又怳惚不明貌又愴怳不得意也恍同務當作侮儐
音擯陳也導也相也許音虎眾人共力之聲本音詡釃音師以筐漉酒又音徙藇音序美也
羜音宁五月羔酤音沽一宿酒又戶古二音戩亦作剪裁也又福也罄音磬盡也空也

蠲音娟除也 饎音熾酒食也糦同 禴音藥周禮宗伯以禴夏享先王曰禴祀烝嘗易東鄰殺牛不如西鄰之禴祭謂薄祭也 祠音詞祭也廟也 嘏音假福也 弔音的至也本音釣 玁音險玁狁匈奴別號 狁音允 駤音葵馬行貌又彊不息貌 肶音肥作肚也 弭音也弓末又息也止也

豬音朱豕也 弰音筲弓末也 鞬音堅盛弓矢器 率古帥字本音 旐音兆龜蛇四斿 旆音沛旂也繼旐曰旆 幟音熾旂也旛也又音志 卉音諱草總名芔同又音毀 幝音闡車敝貌又音灘 痯音管罷貌又音貫 裝音莊飾也裹也裝同 繇音宙占卦之辭 陔音該階次也又隴也 麗音黎歷也又高麗東夷國名本音離 譜音補籍錄也又世系 罶音柳魚笱罶同 鱨音常魚名 鯊音沙海魚 鱧音禮鱯也俗以爲鮦 鮦音同鱧也 鯇音浣魚名鯇同 鰋音偃郎鮎也 鮎音拈無鱗魚 笊音罩笊籬竹杓 鯽音迹魚名 沔音免地名又沔然自若也 篧

音涅取魚罾罩籗同

汕 音訕以簿取魚也

橾 音巢以簿汕魚也

枸 音知枳枸又名木蜜本音苟

楰 音庾楸屬又音余

耇 音茍老人面凍梨色如浮垢也

枳 音止似橘有刺

飴 音怡米蘖煎成餳也

泥 音你露濡貌本音尼

詛 音阻呪也

鞗 音條馬轡

沖 音虫垂貌本音充

屯 音肫物始生也意難也又卦名本音豚

弨 音超弓弛貌

貺 音況賜也與也

券 音勸文契史記摻左券以責下

櫜 音高韜也所以受箭也

醻 古酧字報也

韜 音滔藏也又六韜三略

玈 音盧黑也

它 音他彼也

莪 音哦蓼莪草名

韎 音味茅蒐可以染草

顒 音喁顒然尊敬貌又仰也大頭也

佶 音吉強健貌又止也

織 音志錦綺屬本音職

耀 音曜榮也顯也

輊 音至車之覆而前者也

祉 音耻福也禧也

炰 音疱炙也炮同

芑 音起白苗嘉穀也

奭 音騂赤色本音式

茀 音弗簟笰以方文竹簟爲車蔽也

畬 音余三歲田

樊 音盤馬大帶本音煩

軝 音祇轂也又音其

瑲 音倉玉聲
鉦 音正鐃似鈴
闐 音田鼓聲也又盛也滿也
鷂 音搖雉名靑質五色
鐃 音撓似鈴無舌有柄
鐲 音濁鉦也如鐘軍行鳴之似節鼓
焞 音推盛也又音吞
龐 音龍充實也本音旁
囂 音翱聲衆盛貌本音鴞
聯 音連相繼不絕也
柴 音學積禽也本音儕
踐 音剪傷也又音僊本音賤
膘 音縹脅後髀前肉也
髃 音隅膊前骨肩也髃同
髀 音皮股骨也
髎 音杳水臁也
伯 當讀駡馬祖也又音霸本音百
麌 音語麌鹿羣相聚衆也
鄜 音夫鄜坊地名
坊 音方邑里之名
殪 音噎死也殺也滅也仆也
齊 音劑和也本音蠐
嗸 音敖衆口愁也與嗷同
烜 音宣火盛貌又音咺
煇 音熏火氣也
蹟 音跡古蹟
訛 音吪謬也譌同
腳 音覺足也
楮 音褚木名皮可以爲紙者
爪 音蚤手足甲也又覆手取物
蓫 音逐羊蹄菜又馬尾草又音䌰
蘈 音頹牛蘈菜名隤同
葍 音富惡菜也
婣 音因和於外親
賙 音周濟也贍也
嫄 音原姜嫄帝嚳妃

翬音輝雉名又翬衣后服　棟音凍屋穩也　窔音杳深遠貌窅同　羆音皮似熊而長者

憨痴也愚也　璋音章半珪又生男曰弄璋　喤音皇小兒泣聲又音橫　裼音昔褓也本音覔

褓音保襁褓小兒被　磚音顓燒墼也甓也甎甋同　冪音錫以巾覆物幂冪同　犉音淳黃牛黑脣也

濈音戢和也　呞音鴟牛食齝同　箠音棰擊馬策又杖也　惔音談燔也又淡啖二音

瘥音差病也　憯曾也又痛也愁也與慘通用　讟音讀痛怨而謗也　氐音底宿名又本也

毗音琵輔也厚也毘同　膴音武美也　婭音亞兩婿相謂為婭也　傭音庸均也又雇役於人也

訩音凶訟也衆言也詾哅哅同　屆音戒至也當也　醒音呈酒病　癙音鼠憂病　痒音羊痛痒病也又音癢

瘉音瘐病也又平去二音　夢音蒙不明也本音懞　蹐音積跼蹐小步也累足也

蜴音易蜥蜴蛇也　螈音原晚蠶也蠶同　螫音式蟲行毒　菀音鬱茂貌又音宛　抗

音兀搖動貌

崎 音欹崎嶇山險也陭同

嶇 音區嶇嘘同

埆 音確墝埆瘠薄也地不平也又音覺

烕 音滅滅也又音血

窘 音囷囷也窮迫也

載 音在舟車運物也本音再

濘 音寧泥淖又滑也

墮 音惰墜也亦作隳

炤 音灼明易見也本音照

仳 音此材器小陋也

蕞 音速簍陋貌又菜茹總名

奇 音基不偶也零也本音其

亢 音伉高也過也又音岡

燁 音曄電光貌

崒 音萃崔嵬也又卒崔二音

讉 音遺問也責也怒也誚也

棸 音鄒木名

楀 音矩木名

煽 音扇熾也又使火熾也

憖 銀去聲心不欲而自強之詞慭同

噂 音撙噂沓相對談語背則相憎

遝 音沓行相反也

勩 音異勞也

悛 音詮改也止也又音逡

暬 音薛日狎相慢也國語居寢有暬御之箴

遹 音聿遵也能也又邪辟也

潝 音吸相和也又水疾聲

訿 音紫不善貌訾同

膴 音呼大也多也又無骨腊也本音武

翰 音汗鳥羽又書詞也

螟 音冥螟蛉桑蟲又食苗心蟲

蛉 音零蠕同

蜾 音果

蜾蠃細腰蜂蠃音裸又音螺題音弟睇也本音提努音弩勉也用力也瘨當作瘨病也本音田觜音咨衍名又音嘴鳥喙犴音岸狴犴獸名又獄也豻同鸒音礜鸒斯鳥名又名鵯鶋同雅音丫一曰鸒鳥又一曰鵯鳥亦作鴉鵯音匹鵯鳥即鸒鳥也又音悲提音匙羣飛安閒之貌本音緹踧音笛平易也本音蹙擣音島築也敲也搗同趁頓去聲踐也從也趂同漼音璀水深也淠音譬眾也又舟行貌又音避水名伎音祁舒貌又音技雊音垢雊雉鳴也壞亦作瘣傷病也本淮去聲倚音紀偏引也又音饑杝音侈析木隨其理也又杝榹即欂也佗音唾加也本音沱憮音呼大也本音武僭音譖僭始不信之端也本尖去聲餤音談進也塈音即疾也躍音剔跳疾貌本音藥毚音讒狡兎踵音踵足踵瘇同骭音幹即脛骨也攪音絞撓也亂也擾也儻音倘或然之辭又倜儻卓異也不羈也壎音諼樂器土曰壎塤同篪音池樂器

竹曰篾笹篾同
蜮 音域短狐蜮同
蜆 音腆慚也蜆㥏同
腆 音㥏厚也善也至也
哆 音撦微張之貌又音侈
咒 音晝詛咒
萎 音威草木枯又餵餧二音
缾 音平汲水器瓶同
饛 音蒙盛器滿貌
捄 音求曲貌又長貌本音救
匕 音比匙也又匕首劒屬
睠 音眷反顧貌
潸 音山涙涕流貌
柚 音逐杼柚機具也又音育橘屬
氿 音軌仄出泉也
鞙 音捐亦作琄長貌又大車縛軛者又音鉉
簸 音播揚米去糠又波上聲
挹 音揖酌也抒也
粃 音比不成粟也秕同
瘼 音莫病也
鶉 音團鵰也本音湍
鳶 音沿鴟類本音員
鵰 音凋鷙鳥
鷙 音至猛鳥
桋 音夷木名
棟 音色赤棟本棟也
輞 音罔車輪外圍曰輞
傍 音崩不得已也本音旁
膂 音旅脊骨也
叫 與噭同吪也俗誤从呌
疷 音抵病也
熲 音耿小明也
芁 音求遠荒也又鳩交二音
湝 音諧水流貌又音皆
鼛 音高大鼓
妯 音抽動也悼也本音逐
妥 音垛安也帖也平也
祊 音崩廟門

傍祭先祖也莫音麥安靜也定也本音漠熯音善竭也又火盛乾也本音漢苾音邲香也又音別
奏音族亦進也畇音云墾田雰音分雪貌又霧貌霡音脉霡霂小雨也霂音沐
埸音亦畔也邊境也彧音郁茂盛貌又文章貌觲音星角弓調利膋音聊腸閒之脂也
羶音羶羊臭也羴同薌音鄉木名倬音卓大也著也耔音子壅禾本也秄同嶷音蟻
茂盛貌又音逆廣音光度廣曰廣深音勝度深曰深能音柰忍也能任其事本音態又乃平聲鼈三足
覃音剡利也本音潭螣音特食苗葉螣本音騰蟊音矛食苗根蟲蝥同瘞音縊埋也藏也
渰音掩雲雨貌穧音劑刈禾把數也禋音因精意以享賽音帥賭賽泱音央深廣
貌韐音閤韠也所謂韋弁奭音吸赤白色又怒貌又大赤也又音赫鞞音丙劍鞘琫音唪
琫刀上飾琣鞛同珌音必珌刀下飾鞘音肖刀室也觩音求角上曲貌鴛音淵鴛鴦匹鳥

鴦音央 擢音剉坐也本音崔 頍音跬弁貌又舉首貌 跬恢上聲半步也一舉足也又音窺

蔦音鳥寄生草 怲音柄憂也懼也又音丙 霰音線雪始凝也 鷸音矯雉名 拾音甲射韝曰拾以皮爲之著於左臂以遂弦射義眾耦拾發又音攝禮記拾級聚足本音十

仇音拘提也酌也剩同本音求

怭音弼嫚也 媟音洩狎慢也 嫚音慢侮玩也媟汙也 呶音撓讙也 僛音欺醉舞貌

傞音梭舞不止貌 羖音古牡羊也羖同 頒音焚大首貌本音班 鷖音翳雉鳥也

沸音弗泉始出之貌本音費 芹音勤楚葵潔白有節其氣芬芳 平音楩辯治也本音萍 鎮音振藩鎮取安重鎮壓之義

紼音弗繫印組也又引柩索 膍音琵厚也肶同 繂音律大繩又以竹爲索而維舟者

饇音飫飽也又私宴飫也餱同 憊音敗病也困也憊同 猱音猱猴屬性善 徽音灰美也善也又琴節曰徽

獼音彌獼猴小猴也 猴音侯 瀌音標盛貌 晛音現日光又音峴

萸與屢同煩數也本音樓　髳音謀髮至眉也　蹈當作神本音盜　愒音氣息也貪羨也本音挈

瘵音債勞瘵病也　髺音計縮髺　蠆音瘥長尾曰蠆短尾曰蠍　揵音乾以肩舉物也　崧音崧山大而高

難音那盛貌　漇音濾水流貌漇同　煁音諶無釜灶　懆音慥憂貌又草灶二音

鶖音秋禿鶖　禿通入聲人無髮　扁音辨卑貌木音褊　趍音池奔趍之趍爲進趨又走也

炰音庖炰烙炰同　炕音亢火炕又乾也旱也炙也　漸音巉高峻貌又尖蔪二音　萃音萃崔嵬也本音倅

蹢音的蹄也又音擲　葳音葳葳蕤草木盛貌　耗音好虛也滅也敗也秏也

大雅

亹音尾強勉貌又不倦意又音門　楨音貞楨幹題曰楨旁曰幹　冔音許商冠名又音虛　藎音燼進也

挾音接遠也周洽也本音俠　嬪音貧妃嬪婦官　郃音合地名又人名　俔音譴譬喻也

騵音元騵馬白腹鷹音膺鷙鳥涼亦作亮明也本音良瓞音垤再生小瓜窰音姚燒瓦
竈亦作窯窰同堇音謹草名餳音情飴也捄音俱盛土於器又音求本音救陾音成築牆聲
伉音亢高貌又伉儷配偶也棫音域白桵也拔音佩木挺拔而上混音昆混夷狄人名本
音緄駾音隊突也又馬行疾貌又音退桵音蕤小木附叶上聲率下親上曰疏附本音負奏
音走喻德宣譽曰奔奏陝音閃地名槱音酉積也又燎以祭天又音由迮音責迫也迮同峩
音莪嵯峩山高大貌瓚宗廟祼器形如盤容五升以大圭為柄口徑八寸櫂檝也棹同楛音戶榛楛
木名縝音軫密也絲縷也勺音酌飲也又音灼秬音巨黑黍熂音戲芟草燒之恫
音通痛也又音洞歆音欣神饗氣又羨也貪也耆音指致也本音事栵音例栭也即小栗又音列
檉音稱河柳椐音居椐樻木名剔音惕解骨檿音掩山桑串音慣串夷即混夷本音釧

貫也穿也**樻**音喟樻木名節瘇可為杖又音匱**兀**音萁雜也忙也**援**音院救助也接也取也又音袁

按音頞遏也又止也據也抑也撫也本音案**攀**音扳自下援上也**馘**音虢軍戰斷首又作聝截耳也

禡音罵祭名至所征之地而祭始造軍法者**仡**音屹武壯勇貌**壘**音藟軍壁又魁壘壯貌**氛**

音分氣祲妖氣**祲**音浸精氣感祥又曰旁氣**擢**音濯拔也舉也聳也**虡**音巨鐘磬栒飾為猛獸之形虡

同**樅**音聰崇牙也又木名又音蹤**賁**音焚大鼓也又音奔本音秘**鏞**音庸大鐘**廱**音雍

澤也辟廱天子之學**栒**音筍栒虡所以架鐘磬者橫木曰栒直木曰虡**逢**音蓬和也又音旁本音馮**蜥**

音析蜥蜴蛇也**洫**音洫城溝也**禖**音媒天子求子之祀**韣**音獨弓衣也韜也**拇**音畝足大

指也又音某**娠**音身孕也**坼**音冊裂也析也**副**音劈判也剖也析也本音富**呱**音孤小兒

哭聲**嶷**音逆小兒有知識貌又音疑九嶷山名**穟**音遂苗美好貌穟同**幪**音蠓覆蓋貌又音蒙茂盛

貌唪音咩多實貌又大笑也口高也拆音冊擘也開也秠音痞黑黍一稃二米穈音門赤粱
栗也又音縻恆音亙偏也又月弦也又音衡稃音孚穀皮也揄音臾杼臼也本音余蹂
音柔蹂禾取穀以繼之也又踐也叟音搜聲也本音嗖羝音低牡羊三歲曰羝軷音跋將行祭道
神抒音暑挹也浚治也膟音律膟膋腸間脂也爇音焫燒也敦音團聚貌又頓雕對三音
本音墩藹音靄人臣盡力之美又音愛斝音假鬱鬯之尊斚同醓貪上聲血醓肉醬也又音坦
臄音劇口上肉又音噱咢音鄂徒擊鼓曰咢又驚也醆亦作琖爵也夏曰醆殷曰斚周曰爵又酒濁微
清也敦音雕畫也天子雕弓又推團對三音本音墩鍭音侯矢金鏃鍭同本音候句與彀通用本音
倨純當讀全備也具也本音脣搢音晉插也插笏於大帶之間偝音珮反與面立也雋與儁
通用偉也醹音乳厚酒又音如台音部大也又三台星名亦作鮐祺音其吉也祥也蘄音祈

草名地名

鮐音台魚名又鮐背老也謂老人皮膚消瘠背若鮐魚

壼音悃宮中道又居也

潨音叢水會

又音佟

亹音門水流峽中兩岸特立如門本音尾

賡音耕續也

嘆音灘太息也本音炭

巘音讞山形似甑又音言

糙音慥米未舂

溉音既灌也又音槩

鞫音菊謹也周也

泂音同

遠也滄也

饙音分半蒸飯饋同

伴音判伴奐閑暇之意本音畔

奐音煥大也

昄音板大也

翽音諱羽聲又音快

菶音唪多實貌又茂盛貌

汔音肸幾也又水涸

惄音鐃心病貌

繾音遣繾綣不相離貌

綣音犬又音券

癉音亶病也又音丹

蹻音噱驕甚又橋跤蹻蹺四

音

熇音郝火熾盛也又音鴞

懠音劑怒也又音齊

屎音犧殿屎呻吟也本音矢

呻音申

吟咏之聲

价音介大也善也節也又僕也

王音往言出有所往也

作音詛作祝怨謗也

祝音呪本音竹

烋音哮烋然氣健自矜貌一作咻

湎音免飲酒變色也

螗音唐蟬屬

奰音避

不醉而怒也

否音鄙穢也惡也又音痞本音缶

藐音麥忽略之貌本音渺

倉音搶倉兄悲惘之意本音蒼

兄音怳本音凶

批音拔推也轉也示也又音語手擊也

疑音屹定也又逆疑二音本音移

僤音亶厚也篤也速也又動也又音壇

痻音民病也

僾音愛唈也

荓音烹使也又音傳

唈音邑郎鳴咽短氣也

贅音惴餘也男附於女家曰贅

甡音莘眾生並立貌

譖音僭不信也本簪去聲

炳音丙明也昺同

迪音笛進也啟也循道也開發也

隧音遂天子墓道

斁音妒敗也又音亦厭也

魃音跋旱神名

卬音仰字舉首望也本音昂

嘒音惠小星又微也又音晦

郿音眉縣名

峙音痔山屹立又供峙具也

粻音張糧也

番音波武勇貌本音翻

臟音藏王臟

軟音耎柔也輭同

撥音鉢發也理也轉也撥同

晡音逋日申時也

逷音惕遠也遯同

捫音門摸也撫持

鍚音羊馬眉上飾

軏音弘軾中靶

幭音覓覆軾之皮幦幭同

幎音覓幔也覆也

又均致之貌　搤音厄挼也持也又音隘　蒻音弱蒲也又荷莖入泥處曰蒻　靚音靜裝飾也又音淨

噳音語衆也又鹿口相聚也　貓音苗捕鼠獸又音茅　貔音毗貔貅獸名　卣音酉中尊盛鬱鬯者

尊有三品上曰彝中曰卣下曰罍又音由　邾音卞邑名　敦音對祭器周禮珠盤玉敦又推雕團三音本音敦

遨音敖遨遊　闞音喊奮怒聲本音勘　虓音哮虎怒貌又吼聲　濆音焚水厓　說音脫去也

又音悅　梟音囂不孝鳥又掛首爲梟鴟同又音驕　瀵音糞水名　陲音垂危也又邊地也　訌

音紅亂也　枯音刳槁也朽也　粺音敗精米也

周頌

愀音悄色變也又音秋　汰音太黜也去也　宥音又寬也恕也　斤音僅寮也本音巾　穰音

音攘豐也禾莖也又音壤　錢音剪田器本音前　銍音挃穫禾短鐮　鎌音廉鍥也鐮同　嘻音希

歎聲又音戲笑也

稌 音杜稻也

秭 音子十億曰秭

柷 音觸樂器

⿰車享 音孚小鼓

桶 音統木器又音洞

捅 音動動也引也又音同

敔 音語形如伏虎用以止樂

鋙 音語鉏鋙物不相當又音吾

篴 音笛樂器

鰷 音條白鰷魚名

槮 音參積柴水中聚魚而取之又音滲

鶬 音鎗聲和也本音倉

秧 音央禾生苗也

且 上聲敬慎貌又疽趄二音

嬛 音縈無所依怙之意

僝 音孱俠也又伶傳也

拚 音番飛貌又音卞

鷦 音焦鷦鷯小鳥

鷯 音寮

柞 音窄除木曰柞除草曰芟本音昨

澤 音釋解散也本音擇

畛 音真田畔也又音袗

嗿 音貪上聲眾聲又音坦

飶 音邲芬香

畟 音測進也又嚴利也

饟 音餉饋也饁也又音賞

趙 音召刺也本音兆

薅 音蒿拔去田草

辣 音臘味辛甚也又痛也

秷 音窒穫禾聲

櫛 音瀄梳髮夏禹櫛風沐雨

紑 音浮衣鮮潔貌又音缶

俅 音求恭順貌又冠飾貌

鼐 音奈大鼎又音乃

鼒 音茲鼎之圜掩上者

吳 音話譁也本音

吾

爍音爍灼爍光貌又音落　隋音惰山狹而長又音妥

魯頌

駉音絅郊外謂之泂又林外　驈音聿驪馬白跨　騅音追蒼黑色又蒼白雜毛　駓音丕黃白雜毛又桃花馬也　伾音丕衆也有力也　驒音佗青驪白驎曰驒　雒音洛黑身白鬣曰雒又地名鳥名　驎音鄰馬有青驪色　騢音遐馬赤白雜毛又音段　驔音簟驪馬黃脊又音覃　駜音邲馬肥強貌　咽與淵同鼓聲也又煙宴謁三音　駽音絢青驪馬又音暄　笩音施飛揚也　蹻音皎盛貌又舉足如高貌又憍噱脚蹺四音　茆音卯鳧葵也　蓴音純水葵菜蒓同　狄音惕猶逷也又往來疾貌木音由　黮音甚桑實也椹同　憬音耿覺悟也又音炯　琛音郴寶也賝同　侐音洫靜也寂同　稙音陟早種禾也　礱音龍磨礪　楅音福橫木牛角以防其觸　胾音恣切肉曰胾又音至

鉶 音刑盛羹器 湇 音泣幽溼也 跗 音大足背又音附 綅 音纖未綅所以縷也又音侵

折 音舌斷而猶連也本音浙 杴 音謙鍬屬 曼 音萬長也引也 課 音騍稅也試也計也程也

商頌

盟 音孟盟津水名本音明 鬷 與奏通用本音宗 娀 音松有娀氏女帝嚳次妃 菘 音松菜名蕪菁也 卵 音裸羽蟲所生萬物無乳者曰卵生本上聲 糦 音熾黍稷也酒食也饎同 隕 音員均也周也本音允 何 音荷克負也勞也加也又上聲本音河 絿 音求緩也 厖 音忙犬也厚也 忙 音芒怖也不暇也 戁 音赧恐也恭也悚懼也 珙 音供大璧也 駹 音忙馬黑白面也亦作駹 祫 音洽合也大合祭冬十月五穀成故骨肉合飲食於太祖 冞 音迷冒也深也 梴 音延長貌 祔 音附合食於先祖

周易上經

袠音秩書衣又書卷編次秩帙同

乾卦

一音單奇也陽之數也奇音基零也本音其彖湍去聲斷也又材也謂明卦中剛柔之材也

无音無虛无也亢音伉高也過也星名又音剛[illegible]俗[illegible]字

坤卦

一一音拆偶也陰之數也順當作慎

屯卦

屯音肫難也物始生而未通之意本音豚屮音草古卉總名又音轍磐音盤大石邅音專

迍邅行不進貌媾音搆重婚也又合也和也笄音基簪也禮女子十五歲而笄

蒙卦

穉音治幼禾穉同說當作脫去也

需卦

沙鄭本作沚

訟卦

逋音餔逃也欠也眚音省目病生翳渝音余變也汗也鞶音盤大帶褫音恥奪也解也又馳治二音

師卦

不 音否不然之辭本奔入聲
撓 音鐃擾亂又撓鬧二音

比卦

缶 音否瓦器所以盛酒漿又秦人擊之以節歌

小畜卦

羑 音酉羑里文王所囚處
輻 音福輻輳

履卦

咥 音迭齧也又音戲笑貌
兌 音隊以物相交易也又卦名
跛 音簸足偏廢
愬 音色驚懼貌本音素

夬 音怪卦名又決也

泰卦

妹音昧女子後生也財與材同財成以制其道彙音謂類也茂也昵音柅昵相近也暱同

祉音恥福也喜也隍音皇城池無水

否卦

苞與包同豐也茂也叢生也

同人卦

墉音庸城牆也咷音桃號咷哭聲

大有卦

彭音旁盛貌又綳邦二音本音朋

謙卦

裒音抔聚也減也

豫卦

盱音虛上視也　簪音鐕聚也又冠簪首飾

隨卦

噬音筮頤中有物曰噬又發語辭　嗑音盍食也多言也

觀卦

頤音喁仰也又君德也又頭也　闚音愧門中視

噬嗑卦

脆音翠鬆也脆同　腊音昔乾肉　韌音刃堅柔難折也　胏音子腊肉骨　胾音恣切肉

曰蔵

何 負也又音荷本音河

賁卦

皤 音鄱白也 翰 音汗鳥羽又書詞也 戔 音箋淺小之意

剝卦

辨 音辦牀幹也

復卦

包 音庖包羲氏 誼 音義人所宜也善也

无妄卦

畬 音余田三歲

大畜卦

輹音福車軸縛　牿音梏楅衡也　楅音福橫木牛角以防其觸　豶音墳狭豕獖同

頤卦

眈音躭虎視也又音耽

大過卦

棟音凍屋柱也　橈音鬧曲木又枉也摧折也又平上二聲　枯音刳槁也朽也　稊音提根也

它音他非也異也

坎卦

洊音薦水洊至也　窞音萏坎底　匕音比匙也又匕首劍屬　徽音灰善也美也又琴節曰徽

纆音墨索也三股曰徽兩股曰纆纆同 寘音至舍也止也安著也

離卦

耋音垤至也八十曰耋耊同 沱音佗滂沱大雨沲同

周易下經

姻音因婚姻婦家曰婚壻家曰姻 拇音畝足大指也 腓音肥脛腨也 肚音杜腸肚又音覩

憧音充行意往來不定貌又音同 脢音梅脊側之肉又音每

遯卦

憊音敗病也備同

大壯卦

羝音低牡羊也善抵 藩音蕃屏也樊也又音番

晉卦

摧退也又音崔折也又音剉莝也 鼫音石形大如鼠又名五技

明夷卦

闇音暗幽也 意音臆志意本音倚

家人卦

嗃音壑嚴厲之聲又音學 嘻音希歎聲又音戲笑也

睽卦

睽音奎卦名又乖異也 掣音制滯隔不進也又音撤 劓音義刑截其鼻 猜測也疑也又恨也

弧 音狐木弓

蹇卦

蹇 音謇跛也屯難也

解卦

解 音蟹卦名又散也緩也本音賈

坼 音拆裂也析也

宥 音又寬也恕也赦也

隼 音筍鷙鳥祝鳩也

損卦

遄 音篅速也往來數也

夬卦

潰音續散也亂也遂也潰同　頄音求顴也又音葵　顴音權輔骨　嶠音嶠山銳而高又音橋

臀音屯尻也髀也臋同　次音咨次且行不進貌趑同本音佽　且音趄又語辭

姤卦

姤音購遇也陰陽相遇也媾同　柅音你止輪木又音蚭　蹢音躑蹢躅行不進之貌躑同又音蹢

躅音逐

萃卦

禴音淪禴夏祭名又禴祭薄祭也　齎音咨歎聲本音隮　洟音夷鼻液自目曰涕自鼻曰洟又音替

困卦

株音朱木根　紱音祓朱裳也亦作韍　蒺音疾蒺藜草名　刖音月斷足也又音兀　藟音壘

蔓也草似葛

臲音臬臲卼危也不安也　卼音兀

井卦

汔音迄水涸又幾也　繘音橘汲井索又音聿　缾音平汲水器瓶同　綆音梗汲索亦作絖

鮒音附魚名　甕罌也瓮同　渫音泄不停污也　甃音縐井甃結砌也　洌音列凜洌寒也

幕音莫覆上曰幕幭同

革卦

毨音跣毛盛可用選取為器

鼎卦

鉉音琄鼎耳　亨作烹亨飪也本音脝　協音挾合也同衆之和也　腴音臾肥也　餗音速

鼎實

渥 音握厚漬也

剭 音沃刑也

震卦

虩 音閲恐懼驚顧貌

啞 音厄笑聲又鴉瘂二音

秬 音巨黑黍

躋 音隮登也升也

矍 音钁急視也又目不正貌

艮卦

夤 音寅膂也又恭也緣連也

胯 音跨兩股間也

膂 音旅脊骨

漸卦

渙 音煥散也解也

干 音乾水厓也

衎 音侃信也和樂也又音看

陸 當作逵謂雲路也又音六

逵 音葵通道九逵謂之逵

纛 音讀軍中大皁旗名皁纛又音導

歸妹卦

刲 音奎割也

豐卦

蔀 音部障蔽也又蔀蔀草名 沛 當作旆謂幡幔也又配貝二音 沬 音昧小星也又水名 旆 音配旗也繼旐曰旆 旛 音番旗屬

旅卦

羇 音機旅寓也 瑣 音鎖玉聲又瑣瑣小也

渙卦

楫 音接短棹 逖 當作惕遠也逷同

既濟卦

茀音拂婦車之蔽又福也 繻當讀濡又音須裂繒也又帛邊傳符也漢制以為關門符信 袽音如絮緼也又音拏

繫辭上傳

悔音賄悔吝又音誨 聯音連相繼不絕也 縅音兼索也封也束縢也 賾音積雜亂也又深也嘖同 族音奏謂調五聲使有節族本音俗 揲音設數蓍也閱持也 扐音勒筮者著蓍指間也 嚮當作響謂應之如影響本音向 覈音核考之使實又慘刻也

繫辭下傳

隤音頹隤然順貌又摧也下墜也隮同 像音象形象也肖似也 刳音祜判也訣也虛其中也 剡

音琖鋭利也　蠖音臒尺蠖屈伸蟲　望音亡表望又音妄　絪音因絪緼元氣交密之貌又麻枲也

構音姤架也合也又屋椽也

說卦傳

筴與策通用　薄音慱迫也侵也迫晚日薄暮又音粕本音泊　晅音烜明也　熯音漢乾也又音罕

圜當作圓　旉音夫花之總名　筤音郎蒼筤竹名又籃也　萑音完亂也　馵音注馬後左足白

鸛音灌鳥似鵠者　輮音揉車輞又去聲　脊音迹背膂　臝音祼蝶也又音螺

蚌彭去聲蛤屬又音棒　蓏音祼在木曰果在蔓曰蓏　喙音晦鳥食也又鳥口

養蒙鍼度卷之三終

養蒙鍼度卷之四

虞山潘子聲先生手定

長洲受業孫蒼璧卜山甫　校刊
湘潭後學陳樹芝醒我甫

尚書

堯典

丌古其字下基荐物之丌象形　協音挾合也又和也　昊音號廣大之意又夏曰昊天　璣音基珠不圓者又器也　暘音陽日出之義又明也日乾物也　嚳音哭急告之甚也又帝嚳高辛氏之號　景古影字本音儆　鶉音湻鵪鶉　隩音郁水內曰隩其外曰隈又音奧　訛音吪化也謂夏月時

物長盛所富變化之事也又謬也譌同

餞音俴送行之宴又音賤

毨音跣鳥獸毛落更生潤澤鮮好也

氄音冗毛毳細密又眾也又音戎

耎音軟罷弱也又煗去聲

毳音脆獸細毛

焯音灼明也火氣也又綽卓二音

胄音孕子孫相承續也

吁音訏嘆也又疑怪聲于同

僝音俴兄也又具也又音孱

湯音傷水盛貌本音鏜

僉音簽咸也眾共言之也

异音異舉也退也又音移

諧音骸和也偶也調也合也

嬀音圭水名州名又姓

嬪音貧妃嬪婦官

裝音莊飾也裹也齎也裝同

舜典

徽音灰善也美也又琴節曰徽又州名

鸞音欒神鳥鸞鈴效神鳥之聲

購音構以帛易物也又求也

隰音習下溼曰隰又平也

詢音荀謀也又咨親爲詢

髀音皮股骨也髀同

邕音雍邕四方有水自邕成池又和也州名

卵音裸羽鳥所生凡物無乳者卵生又欒上聲

墊音店蓆也

窾音款

空也窾同 禋音因精意以享 秬音巨黑黍 龠音約 銖音朱百黍為一銖 纁音熏淺絳

色 幷音兵州名舜分冀東恆山之地為并州本音丙 鎮音振藩鎮取安重鎮壓之義 宥音又寬也

恕也赦也 眚音省目病生翳 怙音戶恃也 劓音異刑截其鼻 剕音肺刖足 澧音禮水名

夏與檟榎通用以檟為杖又夏楚威也本音暇 餮音鐵饕餮貪食也 懋音茂勉也美也又楙同

宄音詭在外為姦在內為宄 瘡音牕痍也 斨音鏘方銎 埴音寔土黏曰埴膩也又禹貢厥土赤

埴墳又音熾 攦音力折也撕也又音列 倕音垂重也又黃帝時巧人 銎音穹斧空受柄之處也

藪音叟大澤 堲音即疾也 北音倍分異也又違也

大禹謨

訖音吉止也終也 迪音笛進也循道也開發也 淤音於泥澱也又音飫水中泥 枚音玫箇也

又不指其事汎枚吉凶又枝曰條榦曰枚 頊 音旭敬謹貌又顓頊帝號 諴 音鹹以誠感物曰諴又和也

皐陶謨

旺 音爗明也光美也

益稷

刊 音刊削也剟也 泫 音鉉泫潸流水也 瞀 音茂目不明也又謀務二音 輴 音春載柩車又音淮車轉貌 樏 音雷禹山行所乘也又木實也又音壘器似槃中有槅欙同 橇 音蹺禹泥行所乘又音脃

擿 音直搜也棄也挑也發也又剔的二音 梮 音菊山行所乘以鐵為錐頭施之屐下不蹉跌也 蹉 音嗟跌也又蹉跎失時也 䟦 音茇艸行曰䟦 堙 音因塞也又土山也陻同 瀰 音米水滿貌 賡 音挄

深 申去聲 蜼 音壘猴屬尾長數尺雨則掛於木以尾塞鼻又音虺 黹 音徵針縷所紩 紩 音秩

縫也納也繒音曾帛也又箭有綸者曰繒衮音鯀龍衣也袞同鷩音鱉雉鳥也颺音陽

大言也又音樣風飛物也婣音因和於外頟音諾不休息貌又推車聲亦作額呱音孤小兒啼聲

薄音博迫也侵也迫晚日薄蘚又音粕本音泊拊音甫循也擊也又搏拊樂名柷音觸樂器也

敔音語形如伏虎用以止樂鏞音庸大鐘蹌音鎗行動貌黠音轄堅黑也又音結桶

音統木器又斛也又音洞撞音鐘擊也擣也又音狀鉏音鋤田器鋤耝同鋙音語樂器又鉏鋙物

不相當又音吾鉏鋙劍名籈音眞削木長尺所以鼓敔謂之籈又音堅竹名擽音力擊也打也鼖音汾

大鼓陔音該階次也又隴也箾音簫舜樂遞音第傳遞也迢遞也遞同虡音巨鐘磬拊飾爲猛

獸形簴同秣音末穀粟飼馬扎音札縛也燾音導覆照又音陶賡音耕續也蠃音果

細腰蜂蜾同脞音坐叢脞細碎無大略也又楚初二音課音騍稅也試也計也程也覈音核考之

使實又慘刻也　瑣音鎖玉聲又瑣瑣繁碎猥屑貌

禹貢

奠音殿定也薦也眞祭也　覃音潭延也長也又深廣也　漳音章水名　淶音來水名　黽音敏勉也又黽池縣名　鄴音業地名　砱音零石砱也　礫音力小石又音洛　伾音丕大伾山名又眾也有力也　塊音蒯土塊又大塊天地也　緹音提帛丹黃色又音低　墳音憤土脈墳起本音焚　滮音滮水名又音瀌　滹音呼水進也又滹沱水名　沱音鮀滂沱大雨沲同　鉅音巨大也　澶音蟬澶淵地名又水名　楛苦平聲槁也　夾音叶左右持也又旁也本音甲　甬音勇巷道也又艸木花發貌　跨亦作胯越也騎也又足過也　泲齎上聲地名　寰音環天子封畿內縣也　忞音民自勉強也又音吻亂也　苞與包通用叢生也　灉音雍水自河出又去聲　汳音販

水名又音不

狙音疽猿屬又詐也　獾音歡野豕　濋音楚水名　繇音遥茂也亦作徭本音由

洳音孺沮洳水浸下溼地又音如　劇音極增也甚也戲也　眕音袗田開道又音眞　濰音惟水名

淄音緇水名　鹹音咸鹽味醎同　鋁音言黑錫又爲五金之母　檿音掩山桑　韌音刃堅柔難折

鄄音遣晉地名又音雲　邳音丕下邳地名又音皮　漷音郭水名又音鄗　沭音術水名又音聿

朐音渠脯也　豬當作瀦水蓄而復流者曰豬又豕也　渮音柯澤名又音河　洙音朱洙泗水名

黏音拈糊也粘同　膩音泥肥膩也　埏音延和土爲器又墓道也　嶧音亦嶧陽山名

蠙音駢珠母又音頻　縞音槁鮮白色又音誥　稹音軫穜穊也聚物也相迫也又音眞　雒音洛邑名又馬黑身白鬣曰雒又鳥名

亹音門兩山峙立如門又音尾　蚌蛤屬蜯同　濠音豪水名也

禫音髧除服祭名二十七月而禫　岷音民山名崏同　嶓音波嶓冢山名　冢音冡　篠音小

小竹箭屬筱同
簜 音蕩大竹又音湯
淖 音鬧泥也和也溺也
琨 音昆瑤琨美玉
卉 音誨艸之總名芔同又音毀
柚 音右似橘而大又音逐
笴 音桿箭桿竹幹同本音哿
楩 音駢木名又音便
棟 音凍屋檼屋極也
沿 音言順流而下又循也與㳂通用
邗 音寒揚州地名又音干
雋 與儁通用偉也
瀟 音消水名
湘 音相水名又山名
沅 音元蜀郡水名又音阮
灃 音風水名出右扶風
箘 音窘美竹可為矢
派 音湃水分流也
沔 音俛地名水名又湛然自若
杶 音春木似樗櫄同
栝 音括檃栝正木器曲曰檃方正曰栝
砮 音弩石可為矢鏃又礪也又音奴
簬 音路竹可作箭簵同
楛 音戶榛楛木名又音苦濫惡也
匭 音軌匣也函也
菁 音青菜名
砂 通作沙字
荻 音狄菼也
纁 音熏淺絳色
樗 音樞惡木
璣 音幾珠不圓者
苫 閃平聲草覆屋也又凶服者為寢席
匣 音狹匱屬
綬 音受組綬佩玉之組
瀍 音廛水名在河南
替 音剃代也

衰也委靡也澠音繩水名又泯兔二音滎音滎小水貌溠音詐水名在漢南荆州之浸又搓嵯
二音涿音捉摘也又州名句音劬宛句縣名睢音雖睢陽縣名又水名壚音盧上黑而疏
又酒壚漢司馬相如未遇時令文君當壚紵音宁蘇屬纊音廣絮之細者所以塞耳統同湔音煎水名
又滌也澣也又音洊坻音池小渚也又湔坻地名岫音就山有穴曰岫漾音樣蕩漾浮游貌又水名
郫音皮蜀郡地名宕音盪過也又洞室也罡音岡凡陰陽道典曰罡又天罡星名灊音潛水出
巴郡又音尋沫音末沐沫涎溷音慁亂也濁也與渾同崖音厓山邊嵒音嵒積石貌岩
嵒同璆音求玉磬鏤音漏剛鐵可以刻鏤也又音閭羆音皮似熊而長又音悲製音制成式
也又造也罽音寄織毛爲布又音坦洮音叨水名又盥也濤汰也又姚桃趙三音遡音素迎也向也
邐音里迤邐行貌又因循也衙音牙官舍漕音曹水通輸也又衛邑名瀚音翰海名廣大貌

岈 音悠山名
翊 與翼同又飛也
汧 音慫水決入澤曰汧又水名
耀 音曜榮也顯也
坊 音方坊以蓄水亦以障方
鄠 音戶鄠杜縣名
燉 音屯火盛貌又音吞
驁 音敖駿馬名又音傲馬怒也驗同
煌 音皇焜煌光輝炫燿貌
猺 音搖獸名
猫 與貓同捕鼠獸
琳 音林美玉
玕 音干琅玕美玉
璋 音章半圭又生男曰弄璋
珊 音山珊瑚生海中又珮聲
鄯 音膳地名又音擅
灘 音灘瀨也
磧 音戚水渚有石者水淺石見也又音積
楫 音接短棹檝同
崙 音輪崑崙山名崘侖同
亙 音堩極也通也遍也亘同
坂 音反坡坂
陝 音閃地名
嵐 音婪山名又山氣也
嵩 古崇字聚也高也又音嵩
筠 音云竹膚之堅質者也
港 音講水分派也
犍 音乾犗牛又音堅
渃 音若濩渃水大貌又音偌城名
珥 音二瑱也耳璫也
峙 音痔山屹立又供峙具也
雋 音浚高也長也險也
⿰木屈 音倔斷木也
瓚 音欑宗廟祼器形如槃容五升以大圭爲柄口徑八寸
闐 音田盛也滿也

又國名瀕音頻水厓又音賓噴噀也嚏也鼓鼻也齟音疽齟齬齒不相值也又音阻齬音語又音吾澨音筮水名又水厓匯音會水回合也汥音詑水之歧流也薳音委草也又地名蔿同贛音感水名又貢紺二音贑同淤音迂水中泥也又音飫沇音衍水名又流貌灣音彎水曲折也趵音報跳躍也跡也又足擊聲也又剝灼二音泊音薄田附於岸曰泊又漂泊也滇音顛益州地名又田電二音濼音洛水名地名攪音絞撓也亂也擾也痰音談血不行則痰聚胎音台胎朁地名台音移我也本音胎又音臺銍音桎穫禾短鐮秸音戛禾藁去皮其祭天以爲席秸稭同刈音乂割也穗音遂禾穎蔡音撤法也放也本音菜閩音民福建地名浙音哲江名淛同

甘誓

臆音億胸也姺音莘國名又音跣稔音荏穀熟曰稔勦音醮絶也殺也剿剿同壘音藟軍壁又魁壘壯貌馘音虢軍戰斷首又作聝截耳也菆音鄒艸叢生又音攢

五子之歌

逵音葵九逵之道悒音邑憂也不安也馭音御駕馬也

胤征

邸音底逆旅爲舍言所歸至蝕音食日月虧也又侵蠹也遒音酋迫也固也斂也迺也終也又遒人宣令之官愾音鎎太息殲音尖滅也又微也

湯誥

慆音滔慢也

仲虺之誥

秕 音比不成粟也粃同 **簸** 音跛揚米去糠又音播 **澈** 音徹澄清 **罹** 音犁遭也冐也 **螫** 音式蟲行毒

伊訓

衎 音侃信也和樂也又音看 **柩** 音舊棺也 **縢** 音騰金縢緘縄也 **祔** 音附合食於先祖又合葬也 **酣** 音蚶酒樂也湛嗜也 **覡** 音檄能齋肅以事神男曰覡女曰巫

太甲

澡 音早洗滌也 **鯁** 音梗魚骨世謂謇諤爲骨鯁謂直言難受如骨之哽咽也 **從** 古慫字從臾勸也凡己之所不欲而旁人勸之謂之慫慂亦作縱又音總諛音勇 **臾** 古慂字亦作諛本音余

咸有一德

炫音眩 燿音耀炫燿光明貌熠燿鮮明貌 祧音挑祭法遠廟爲祧

盤庚

籲音喻呼也和也 盡音儘極也皆也又音晉 亶音專屯亶即邅邅本單上聲 粤音尤艸木更生條也亦作由 斆音效教也法也 切音砌衆也又一切大凡也本音竊 瀉音昔鹵地也又鹹土也 譊音鐃爭也多言也 昏音敏强也本音昏 恫音侗痛也又音洞 憸音纖詖也險也又利口也 燎音料明也又火熾也又音聊 迓音訝迎也 瘁當作悴病也勞也 腎音脤小藏也 轘音環車裂人又轘轅險道名又音患 弔音的至也本音吊 藹音靄人臣盡力之美又音愛 賄音毀財也又贈送也 誹音匪誹謗也非議也

說命

亮 音涼亮陰天子居喪之名 鶬 音鹿鶬鶬鳥名鶬同 楣 音眉棟上橫木 霖 音林雨自三日以往爲霖 跣 音銑跣足又音先 笥 音四竹器又音寺 溉 音槩滌器又灌注也又音寄 黷 音讀黑也垢也濁也 醴 音禮汁酒一宿熟 蘖 音孽芽也又麴蘖也 肜 音容商祭名 雊 音姤雌雉鳴也 畤 音止凡上高處又音視種蒔也 譴 音傾問也責也怒也

西伯戡黎

戡 音堪克也 羑 音酉羑里文王所囚處 標 音鏢表也立木繫綵於上曰標 悛 音銓改也又音逡

微子

酗虛去聲以酒爲凶又醉怒也䣴同　隮音躋亦升也　耇音垢老人面凍梨色如浮垢　牷音全牛色純曰牷犧體完曰牷　櫬音襯親棺也又謂之椑棺

泰誓

畬音余田三歲　癃音隆病也　湎音免溺也沈於酒也湎同　榭音謝臺有屋者　刳音枯判也剖也虛其中也　剔音惕解也　炮音庖炮烙紂之刑炰同又音砲　謐音密安也靜語也　烙音洛燒灼也又火鍼曰烙又音格　勗音旭勉也　懍音凜危懼也　摧音漼折也抑也沮也又音崔　斮音灼斬也又音捉　痡音夫人病不能行也又音鋪　竅蹺去聲穴也空也　妲音怛妲己紂妃

牧誓

逖音狄遠也本音逷　髳音謀髮至眉也又毛蒙二音　矛音謀戈也　逋音餔逃也又欠也

貔音皮貔貅獸名　羆音皮似熊而長又音悲

武成

潼音童水名　賙音周濟也贍也　戌音恤時也歲在戌曰閹茂　衅音焮牲血塗器亦作釁

洪範

隲音質定也升也牡馬也　躔音廛日運爲躔月運爲逡　平音胼平坦也　燮音雪和也熟也

亢音抗高也過也又星名又音岡　燠音郁熱也煖也又音奧　廡音武豐茂也又堂下周廊又音無

烜音暅火盛貌又音晅　澇音潦水名又淫雨也又音勞

旅獒

獒音敖犬高四尺獒同躇音綽躇階而走又除柱二音

金縢

喧音諼諠也諠同遘音搆遻遘相遇也緘音兼索也封也束篋縢也覬音既覬覦希冀也又音計覦音余新當讀親新逆迎也本音莘

大誥

亹音亹腆音覥厚也多也善也至也敉音米撫也安也及也侎同卬音昂我也弭音也弓末又息也止也毖音秘謹也告也遠也棐音斐輔也又果名構音搆造也又架屋也紕音皮素飾冠緣也又音避

微子之命

歆 音欣羨也貪也又神饗氣　厮 音思養馬者取薪者皆賤役也

康誥

殪 音噎死也殺也滅也仆也　磬 音磬謊也空也　鄘 音庸國名　遹 音聿述也遵也　恢 音悝大也　瘝 音關病也瘝同　刵 音二斷耳也　臬 音闑射的又法也又北司曰臬　暋 音敏強也敃同　寘 音至舍也止也安著也

酒誥

妹 音昧邦名又女子後生也　衋 音虩傷痛也　劼 音轄用力也又固也謹也勤也又音憂　蠲 音涓明也除也潔也

梓材

聯音連相繼不絕也墉音庸城也牆也塈音忌疾也又音餼仰塗也墍同茨音慈蒺藜也又茅茨也紿音態欺也又絲縈難理又詒待二音瘨音止積血腫貌又音支臒音雘丹也衡山出丹臒

召誥

朏音斐月三日生明之謂嵒音嵒嶄碞也險峻也

洛誥

伻音崩使也急也又音烹胞音包胎衣又音抛胮胱也顒音禺仰也又君德也大頭也爇音焫燒也亦作熱爍音鑠灼爍光貌又銷鑠亹音忙勉也單當作殫卣音酉中尊盛酒器也尊有三品上曰彝中曰卣下曰罍又音由稃音夫穀皮

多士

詛音組呪也又去聲 眣音迭日昃也 菴音鵪圜屋一曰草舍庵同 殞音隕歿也 幻音患變幻 譸音州誑也又音儔 祝音呪祭主讚詞又音竹 蔕音帝根蔕果蓏綴實也

召誥

祚音胙福祿 焜音混光也 締音帝結不解也又締第二音 摵音慽搖動 棼音分亂也又音汾屋棟 諳音庵記也悉也曉也歷練也

蔡仲之命

擢音濯拔也抽也出也聳也

多方

碔 音武碔砆石次玉又浮石也 砆 音夫 建 音蹇韜也本音見 叨 音縚泰也濫也 瓴 音零甕似缾有耳 懫 音至忿也恨也怒也又音質至也 祲 音侵精氣感祥又日旁氣又音浸 洶 音兇上聲水涌貌又音凶水勢也水聲也 讋 音懾失氣而言也又懼也 狃 音紐狎也習也又犬性驕 僚 音寮友也官僚也又音了 曄 音葉光曜貌燁同

立政

冋 音扃象遠界也 紬 音抽引其端緒也本音稠 勱 當作厲勉也 晻 音暗日無光也又音掩不明也 犴 音旰狴犴獸名又獄也豻同

周官

劑 音穧分也又藥劑和也又音資 喋 音牒多言便語又音閘鳥食

君陳

歿 音沒隕也終也 揭 音結高舉也 苾 音𩚁香也又音別菜名 芬 音分草初生香分布也

萎 音威草木枯又猥穢二音 薾 音爾花草茂盛貌

顧命

頮 音晦洗面也靧同 彤 音同赤也丹飾也 肄 音異習也勞也 釗 音昭康王名又遠也見也勉也弩牙也 幄 音渥覆帳謂之幄 扆 音倚畫斧文於屏上置戶牖之間天子南鄉而立於其中 篾 音滅析竹鈞又竹皮也 純 音準衣緣也又音蓴 厢 音相廊也廡也東西室也 琬 音宛美王又音遠

琰 音掞璧玉又圭之銳上者 兌 音隊古之巧工又以物相交易也又卦名 塾 音孰黨學名又門外舍也

綦 音其帛蒼文色 戺 音士階也閾也 戣 音鄰戟屬 鈗 音允矛也 瑁 音耄圭長四寸天子

執之又音妹玳瑁龜屬　**咤**音詫奠爵也又叱咤怒也　**嚌**音濟嘗也又飮至齒也

康王之誥

鬣音躐馬領毛魚龍頷傍鬐　**含**音憾口實曰含本音涵　**襚**音遂衣贈終者又綬也

畢命

癉音坦病也又音丹　**苛**音訶虐也政令繁細曰苛又音何小草　**侉**音夸奢也　**蕞**音悴蕞爾小貌又音最

君牙

噬音筮頤中有物曰噬又發語辭　**膂**音旅脊骨　**暬**音洩口狎相慢也國語居寢有暬御之箴

呂刑

敞音厰高也敞也曠也明也蚩音鴟蟲名又愚貌朴厚貌椓音琢刖也黥音鯨墨刑在而也

控音控持而告之也又止馬曰控又提控使也糅音蹂雜飯也又去聲尉音畏候也安也又太尉廷尉官名

鍰音寰六兩錢也刖音月斷足也又音兀讞音嘻讞獄又音碾

文侯之命

敹音聊縫完也又持也敿音矯繫也連也連盾絲也鍛音斷冶金曰鍛淬音翠滅火器又染也

犯也牿音谷閑牧也斂音聶塞也屯音豚聚也勒兵而守曰屯楨音貞楨榦題曰楨旁曰榦

茭音交茭草乾芻也

秦誓

格音核堅不可入也本音革番音波老貌本音翻又煩婆二音仡音屹勇貌又音兀動舟貌諞

音區巧言辨佞之言又斲篇二音 陧 音臬危也不安也亦作[illegible] 繳 音矯還也

春秋

隱公

賵 音諷贈死物也車馬曰賵貨財曰賻 扳 音班隱而立之本音攀挽也 絀 音出黜不肖以絀懇又逢也又音屈 鄢 音偃鄢陵縣名又姓又音烟 軋 音押車碾也 約 音要信也券書也本音葯 祭 音債周大夫邑名本音際 彄 音區弓弩端弦所居也 綸 通作繻又人名又音投布也 繯 音患環也又縞文也 碏 音鵲恭也又石碏衛大夫 郕 音成國名 郛 音孚郭也郛向 鄬 音兮邑名又音移 眛 音滅地名又音抹目不明不正也 寰 音眩王者封畿内縣也本音環 脤 音蜃出兵祭社之肉也脤同 郈 音后魯邑名 栽 音再築牆長版本音災 畚 音本盛土器 鄟 音專邾婁之邑也

邿音詩邑名 鄑音情地名瑯琊縣名又音緝 韙音葦是也又美之之意 沴音戾陰陽氣亂又沴軫二音

桓公

瞿音具恐懼失守貌又音句本音渠 獮音筅秋狩曰獮順秋氣也 餬音胡饘也糊同 羹音郎地名本音庚大羹 袲音侈衣裾也衣長也又宋地名又音移 醲音農厚酒也 趡音佳地名又動也走也

莊公

郱音平地名 鄑音茲地名 郚音吾邑名 寪音葦屋也 禚音灼齊地名 郳音倪城名 援音瑗救也助也援也取也又音猿 蔇音芰至也又地名又音既 鄄音絹地名又煙古二音

坊音忘障也堤也本音方邑里之名 痾音例病疫也 惷音蠢亂也擾動也又音昌 蜚音肺負蠜也又非棐二音 酖音鴆酒有鴆毒又音耽

閔公

鄣音章莒邑也又音脹 犖音洛卓犖超絕 覘音佔闚視也 齮音以齧也切齒也又音欹

僖公

居音機何居語助也本音倶 挐音䘒持也又紛紛也牽引也又音拏 椑音闢親身棺也又音卑木名又音皮圓盒也 怗音川安也服也靜也定也又音帖 佹音危庋也 丕音丕大也 鷁音逆鳥名

傎音顛倒也殞也 甗音言地名又無底甑又彥演二音 句音瞿方也又須句地名又據狗勾搆四音

獳耨平聲怒犬又晉侯名又音如 雹音薄雨冰 鏌音莫鏌鋣神劍名 鋣音耶鄉同 頵

音内大頭

文公

愯古悚字作也懼也　胗音袗瘡胗疹同　芈音米羊鳴也又楚姓　縠音斛縐紗　鄀音若國名　麇音君獐屬麕麏同　郤音隙地名又覺郤也郤郄同本音却　蒢音除草名可作菜也又音徐　貜音矍獸名　婼音綽不順從也　郪音雌新郪縣名人妻西二音　蔿音委草名地名　歜音觸盛氣怒　郯音談地名

宣公

塴崩去聲下棺於土塴堋同　肹音肸動作不安也亦作肸　攢音鑽簇聚也本音欑　[illegible]音卞邑名　蝝音員螽蝗之類又音延　瀘音盧水名出牂牁江　鄤音漫鄭邑名又音蟎

成公

緱 音鉤縣名又刀劍頭纏絲緱同
郜 音高郜縣舜臣名亦作臯本音舊
縵 音慢繒無文又瞞慢二音
鼷 音奚小鼠
觩 音求角觓又角曲貌觓同
鞮 音低銅鞮晉離宮名又單履也又音題
巀 音截截巀嶭地名亦作截地名又音橙門巀也
且 音祖亂也又音沮
句 音丐乞也又古將名又音葛
朾 音汀門根也又音丁

襄公

睔 音棍大目露睛也又音還
鄬 音委鄭地名隱同
鄵 音慥鄭地又音騷
湨 音臭水氣也
戲 音希人名又地名亦作義又音呼本音餼
踣 亦作仆頓也傾側也又音百斃也
鱄 音專魚名又鱄諸吳王刺客又音轉
痤 音剉小腫痾又癤也
薳 音委薳章楚大夫名又音遠薳志藥名
姆 音姥女師

也又音茂

昭公

蚡音忿田中鼠伯勞所化　稔音飪穀熟曰稔　寨音砦屯兵之處也　虒音虒郛也又音蹄

鄍音哽邑名　鄟音禹國名也　帑音倘金幣所藏又音奴　嗌音益哽咽也悲塞也又音厄

鄸音蒙曹邑名鄸同　憖音印問也恭謹也傷也閑也又强也慭同又音銀地名　蚠音汾人名劉獻公子伯蚠

熸音潛火滅也盡也又音尖　鄏音辱地名成王定鼎于郟鄏　躒音力動也踐也超絕也

鸜音戳鳥名鸜鵒不踰濟　鵒音欲　鼬音又野鼠赤黃色大尾　嚭音痞大也

定公

繁音盤繁纓冠緌也本音凡　譟音燥擾聒噪同　抶音叱笞也擊也　檇音醉檇李地名越敗吳處

哀公

曼音蔓長也引也無也又瞞幔二音

姓音讀生蔡大夫公孫姓本音性

柤音楂似梨而酸又木閑也又藥滓俗作査

奸音干亂也犯也本音姦

鄖音云國名在漢南中有鄖關

曲禮

滈音鎬大水貌又音浩

姊音子女兄

妹音昧女子後生也

祠音詞廟也祭也

鸚音嬰鸚鵡能言鳥

鵡音武

猩音星野人又音生

隴音聾大坂也

懾音摺怖也怯也心服也喪氣也摺同

儕音豺類也輩也

像音象形象也肖似也

咡音二口旁曰咡

舃音昔履也

蹋音踏踐蹋

橛音掘杙也

拾音涉拾級足相繼躡本音十

溥音泊簾也與箔通用俗作簿

跪葵上聲拜跪也

帚音肘彗也箒同

拘音鉤以衣袂擁之也本音居

扱音吸斂取也本音插

噓

音虛吹噓呼吸也

揭 音子長也

拚 音糞埽席前曰拚又翻便二音

撥 音鉢發也理也撥同

儳 音湛欃賤貌又音讒

勦 音抄取人言爲己說又音鈔

擥 音覽擥持也

跋 音鈸本也火炬照夜之燼者又草行曰跋

叱 音陜叱咤發怒也

唾 音能口液也亦作涶

閒 音閑暇也習也本音奸

嗷 呼也叫同

眄 音面邪視也又音免

跛 音波足偏廢也

髢 音替髮也又音第

髲 音避以髮爲之

纚 音洒黑繒韜髮又洗史二音縰同

韜 音滔藏也又韜畧也

褰 音騫摳衣也又袴也攐同

綦 音忌鞋口帶本音其

椸 音移衣架又榻前几曰椸

枷 亦作架本音加項械

櫛 音節梳髮夏禹櫛風沐雨

涗 音稅清也洗也

漱 音瘦洗濯也本音嗽

浣 音緩洗也澣同

梱 音捆門限也

鍼 音斟縫衣器針同

笄 音基簪也禮女子十五歲而笄也

殽 音爻肉帶骨曰殽

胾 音恣純骨切曰胾

渫 音薛烝葱也本音屑

朐 音劬脯也

棰 音捶擊也

辨 音徧周也本音辨

湆 音泣羹汁

擩 音擩染也又取物也
酳 音肖酒嗽口也
吒 音詫叱吒怒也
箸 音住進食具筯同
匕 音比匙也
嚃 音搭大歠而不嚼
醢 音海肉醬
齊 亦作齏本音臍
釂 音醮飲酒盡爵
溉 音既灌也又音槩
梜 音頰檢也柙也
汁 音執液也
副 音劈判也折也本音富
累 音魯倮也不巾覆也本音類
疐 音帝謂脫花處疐之者去疐而已又音至
啖 音淡食也餌之也噉啗同
倮 音裸脛也臉也
醺 音薰醉貌
罵 音禡詈也辱也
佛 音弗獻鳥振轉其首恐其吠之害八也又轉戾也本音物
喙 音誨鳥口又鳥食也
鎧 音愷甲也
鍪 音牟兜鍪首鎧也
拄 音主刺也距也
俘 音孚囚也軍所虜獲以為俘馘也
弣 音撫弓把中也
帨 音稅巾也
剡 音琰銳利也
鐏 音贈矛戟底尖曰鐏底平曰鐓又音纂
鐓 音隊
鋋 音蟬小矛也又音言
拭 音式潔也揩也
繢 音會繢畫之事雜五綵繪繢同
揦 音剌撮也
苞 音包苞苴以草藉器而貯物也又豐也叢也
苴 音疽又麻子也

殤音傷未成人喪　隧音遂門中道又天子墓道　瘦音嗽臞瘠　創音瘡傷也本音唱　紼音弗引棺索又繫印組也　臨音林喪哭也　旛音番旗屬　牘音讀書板　載音戴備也本音宰

貅音休貔貅獸名　繕音膳補也結也又編錄文籍謂之繕寫　部音簿屬也分也亦音步　筴音析蓍也籌也與策通用　驪音鸝馬深黑色　阪音反陂也坂同　諏音陬咨事爲諏　軨音陵車闌轄閒小橫木　轄音舝車軸頭鐵　騑音非行不止之貌　軾音式車前橫木可憑者　騶音驟疾行也本音鄒

緤音洩繫也馬韁也紲同　躪音吝踐也　蓌音剉猶言有所枝柱不利屈伸也又許也　奇音欹不正也本音其　欬音慨氣逆也　巂音欈規也車輪一周爲一規　矚音竹視之甚也

彗通作篲又彗星形如彗除舊布新之象也又音慧　勿音沒掃塵也本音物　緌音安小俯之意本音雖　僂音樓傴僂身向前也　俛音府低首也俯同本音勉　襗音亦衣襦也　琮音叢瑞玉八方

象地之形

姪 音秩兄弟之子女

不 音浮未定之辭又弗覆二音

藨 音標草名又音瓢

扱 音歃入也獲也引也又音吸

帖 音貼安帖妥也牘也券也

翣 音歃棺飾也形如扇以木爲匡

簝 音聊宗廟盛肉器

庇 音泌蔭也芘同屋字作庇草木作芘

壇 音善除地爲位也本音檀

韈 音覓覆軾之皮髀幭韈同

髦 音毛髮也俊也爾雅注士中之俊如毛中之髦

鬋 音剪截也鬢垂貌又音箋

爪 音蚤覆手取物又手足甲

鬚 音須口下曰鬚

煆 音鍛椎鍊也

麛 音迷鹿子

蒐 音叟春獵也

假 音假告喪曰天子登假本音賈

臆 音益胸也

依 音椅狀如屏風黼爲斧文本音衣

竝 音亡企也久立也

曹 音漕幽嘈之氣

濟 音泲盛貌本音際

蹌 音槍行動貌

僬 音醮行遽無文貌又僬僥短人

儗 音擬僭也又音異

蜃 音腎大蛤雉入大水所化也

蛤 音合蚌屬

霤 音溜屋水流也

煬 音揚融也炙也又音樣

躋 音隮登也升也

腯 音突豕曰腯肥也

甹 音孚花之總名也

槀音考枯木也又音杲薌音鄉水名萁音基豆莖也韭音久韮菜韭同鹺音矬鹹也
又音蔡澌音斯消盡無餘之謂又水名又水索盡又音西嫓音譬配也耦也匹音鶩鳴也本音疋
縏音盤繫纓冠綏也本音凡韝音鉤射臂決棋音矩枳也婦人之摯棋榛脯脩棗栗甜音恬
甘也伉音亢高也又伉儷配偶也儷音麗檀弓免音問袒免其制以布從頂中而前交於額又卻向後
而統於髻也本音勉髻音計結髻頎音墾情悃也本音其塋音榮墓域泫音玄水名又音涓
愼當讀劉本音昚郰音鄒魯邑名陬同輤音倩載柩車上覆飾也大夫以布土以席綏音甤
冠之纓結於頷下而其餘下垂曰緌甎音顓燒墼也甓也磚同騵音元騵馬白腹幕音莫覆上曰幕
縿音消縑也又音幓綃音消綾綃帕也盍當作盇何不也本音可皖音緩明也呼
當讀吁本音嘑革音亟急也本音格瞿音矍眼目速瞻之貌本音衢婁音閭郲婁魯人名頻數也

本音樓

髻音撾婦人以麻約髻也 **臺**音狐臺鮐地名又人名本音儓 **鮐**音苔 **簪**音鐕冠簪首笄又聚也速也 **絇**音瞿屨頭飾又音句絲數 **紕**音避織組也又音皮 **嘻**音希嘆聲又音戲笑聲

嶷音逆小兒有知識貌又音疑九嶷山名 **庋**音紀食閣板爲閣以藏物又鬼貴二音 **稅**音退日月以過始聞其死追而爲之服也本音帨

洙音殳洙泗水名在魯 **宎**音要深隱處窔同又音杳 **綢**音叨纏也本音紬 **旐**音兆龜蛇四斿 **赴**當作訃告喪也 **蚍**音皮蚍蜉大螘也 **蜉**音浮又蜉蝣渠略也

苫音痁蓋也編茅也 **從**音總太高也縱同 **塡**音奠設也盡也本音田 **池**音徹抑車之池也本音馳 **肂**音四埋棺坎下又音異 **洟**音夷鼻液自目曰涕自鼻曰洟又音替 **搤**音隘按也握也又音厄

串音釧貫也穿也 **甓**音闢瓴甋 **綴**音咄 **穩**安也又蹂穀聚也 **弁**音卞皮冠也 **嗤**音痴笑也 **縱**音總趨事貌 **折**音淅安舒貌又淅舌二音 **紟**音琴單被也又音噤

味音沫器光澤也本音未
簨音筍簨簴所以架鐘磬者橫木曰簨直木曰簴亦作栒
問當讀聞本音汶
繐音歲疏布
沽音故謂苟且也略也本音姑
封與窆通用下棺也本音風
齊與劑同和也本音臍
繂音律大繩又以竹爲索用維舟者
汏音太矜大也又黜也
褖音豢黑衣后服
諮音咨問也詢也
甕翁去聲罌也瓮同
鬷音宗釜屬又衆也
邃音遂深也遠也
鬃音叢高髻又音宗髮亂鬉同
柂音夷棠棣移同
楔音屑根謂之楔
柶音四角柶也
褏音袖袂也本音又
鞋音諧履也鞵同
瑱他甸切以玉係紞充耳不使妄聽也又音珍
祛音區袖口也
茵音因車上重席又褥也
釘音丁鈴釘矛名
紂音緇黑色繒也
菆音攢叢也
朘音宣縮也縮朒爲朘又音鐫
帟音亦小幕所以承塵
攀音扳援也引也又挽也
蟜音嬌蠪蟜蟲名又橋郊二音
說音脫去也本音設
窆音砭下棺也
引音孕車曰引棺曰紼本音尹
韅音獻馬駕具在

背曰韅又音顯傚音效學也則也經音稱赤色赬同恚音惠怒恨也冔音許商冠名又音虛
贈層去聲送也遺也舍音釋置也散也上解也本音赦賒音奢貫買曰賒又遠也莿音列
桃莿可以爲帚除不祥也遣音欠將葬而祭本音檻臑音猱羊豕臂曰臑骼音格禽獸骨也又露
骨也斯去聲盡也絞音交縊也纏縛也又狡教二音沾當作覘覘也猶當讀猶又音佑本音
由欻音旭暴起也忽也歘同巤當讀柳裂也本音闕蕢音快草名本音匱曩借音曩昔
也戍音庶守邊卒也駘音台駑馬本音苔鞚音椌馬勒劵音勸文契也禹音遇
猴屬又音愚踦音紀脛也又谿雞二音[illegible]音吞黃色重亦作童又音蟲本音仲韔音悵
弓衣也亦作韔椒音焦其實味辛而香烈古皇后稱椒房以椒塗壁取其溫也奪音兒地名澀音色
不滑也濇澁同櫜音高翔也所以受箭也墟音區大丘墟同深音申去聲度深曰深廣音桄

陵廣曰廣**還**當作環繞也**刎**音抆制也斷也**憊**音薜病也困也**奐**音煥大也又文采粲明貌

京當讀原本音京**闚**音窺門中視也**扶**扶作匍服作匐盡力也本音符**吶**音熱言緩也本音訥

鍵音乾關鍵弓鑰也又音件**學**音效法也斆同本音鷽**繆**音鳩絞也紐也本謬平聲**衣**當作

齊衣裳喪服本音依**尪**音汪弱也僂也出頸也短小也尪同

王制

袤音茂延直東西曰廣南北曰袤**墝**音磽土不平又墝埆瘠土也**儌**作也**盼**音班賦也分也

又音分**卷**當作袞龍服也**柴**音柴祡燎祭天**覺**音學觀也**頖**與泮同諸侯學曰頖宮頖班也

所以班政教也**禡**音罵祭名至所征之地而祭始造軍法者**腊**音昔乾肉**鷹**音膺鷙鳥**尉**音尉

網也又音蔚**胎**音台兒孕而未生皆曰胎**堰**音偃壅水為堰躽同又音燕**笱**音苟竹器承梁之空

以取魚者 秒音眇禾芒又盡也 耗音好虛也減也敗也耗同 仂音勒數之餘也 礿音藥夏祭

論同 犆音特牲也 祫音洽合也大合祭冬十月五穀成故胥肉合歡食於太廟 拇音畝足大指也又音

某 譯音亦通夷夏之言轉告也 謄音滕移書傳抄也 僰音蔔揵爲蠻夷王制屏之遠方 羸

音稞果羸栝樓也 擐音患貫也又音慣 覈音核考之使實又慘刻也 侀音刑成也 粻音張

糧也 韠音畢蔽膝也 瘖音陰疾不能言 聾音龍耳病無聞 躃音壁足不能行躄同 侏

音朱短人也 徼音叫衚也掠也又小路也本音交 縈音縈旋也繫也收卷也 剩音盛益也餘也

月令

抄音勦謄也錄也 娵音疽少也又娵觜星名 芒音忘勾芒神名又音茫 羶音搧羊臭也

銅音同赤金 鈴音苓似鐘而小 貸音忒差也本音泰 術與遂通用田之溝洫也本音述

晙音俊田晙勸農之官胔音恣露骨曰骼有肉曰胔猋音標犬走貌鷙音至猛鳥奎音魁宿名弧音狐木弓鴽音如鶉屬月令田鼠所化摧音崔退也囹音陵囹圄獄也圄音語掠音亮笞也奪也鞫也本音略捶音垂以杖擊也禖音媒天子求子之祀韣音獨弓衣也韜也墮音惰墜也落也嫄音原姜嫄帝嚳妃娠音身孕也畚音僨概音蓋執以平量器者亦作槩大概大率也鮮音獻鮮羔開冰本音先漉音六盡也滲也淋也螟音冥食苗之蟲胃音謂西方宿名又穀府萍音平浮生水草鞠當作菊黃花也鮪音偉鱣屬罝音嗟兔網罘音浮兔罝罦同又音敷餧音委飼也又音餒植音治追也籧音舉竹器本音渠拍音珀拊也打也又拍板也紝音任機縷紝同鵀音任戴勝鳥又音壬靚音靜裝飾也又音淨液音亦津液難音儺盛貌磔音責戮人於市昴音卯宿名婺音務女星名勢

音怡草名

騮音留驊騮良馬騮同

酎音宙三重釀酒

醲音農厚酒

蝗音皇食苗蟲

堡音保障也隄也堢同

螳音堂螳蜋蟲名

蜋音郎

蚚音祈蚚父卽螳蜋

蝦音遐蝦蟇又音鰕

鞀音挑似鼓而小有柄

鞞音丙劍鞘又悲彼皮三音

篪音池樂器以竹為之箎同

竽音于管二十六簧

簧音黃管中金葉

篴音笛似簫六孔

櫻音嬰櫻桃果名

妊音壬孕也

踶音第蹋也馬怒則分而踶又音題

觧音駭脫也

堇音謹草名

雹音泊雨冰

螣音特食苗葉蟲又音滕

蟋音悉蟋蟀蟲名一名蛬又名促織

蟀音率

給當作級

溽音辱濕熱也

薙音替除草

磊音壘眾石貌

磈音傀磈礧石貌

隼音筍鷙鳥祝鳩也

調音蓧選也樂律也才調韻致也本音條

瘧音虐病也

圜亦作圓又音還

蓐音辱蓐也又陳草復生也又蓐收西方神名

坏音培修治也本音丕

觜音兹宿名又觜觽龜名

肓音荒風疾也又心上鬲下曰膏肓

恆

當作常窖音教地藏也囷音箸倉也廩之圓者趨音促行步急迫也又音齪贮音宁盛也

居也積也墐音僅塗也吹音脆鼓吹凡吹笛簫籥成音者謂之吹歛同穰音禳豐也禾莖也又音攘

騶音鄒騶虞仁獸搢音晉插也插笏於大帶之間挾音協遠也周洽也本音狹趣音足促也

供音貢祭也養也本音弓鼽音求鼽嚏寒、病鼻塞也嚏音帝坼音拆裂也析也軷

音跋將行祭道神蛻音退蛇蠐解壳也又音稅蟂音驕獺屬害魚者繇音紂卦兆辭也彖

湍去聲斷也材也謂明卦不剛柔之材也匙音時匕也又茶匙鑰匙致作緻鶡音曷夜鳴求旦之鳥

姻音因婚姻婦家曰婚壻家曰姻酋音摯大酋酒官之長秫音述糯也湛音尖漬也本音沈

荔音戾荔枝果名挺音梃拔也直也枯音刳槁也朽也氛音分氛祲妖氣疥音介瘡也

癘音例疫病

曾子問

椁音皐虛也　牲當作制長一丈八尺爲制幣　轢音櫟車所踐也又音落　纍音雷猶繫也

醮音燋冠娶祭名又酌而無酧酢曰醮　酧俗酬字　壻音細女夫曰壻　歿音沒終也　祧音挑遠廟也

聃音耽耳曼無輪又老子名　蹕音必警蹕止行人者又音祕立不正也　漱音嗽盥漱蕩口也

堩音亘道路也　緌當作隋隋音灰滅毀之名本音雖　跣音蘚赤足也　假當作嘏福慶之辭本音賈

謖音速起也　祔當作備祭名又合葬也本音父　所音祈　脊音跡背膂也

不音否不然之辭　痁音苫瘧疾　隋當讀灰血祭曰隋釁本音隨

文王世子

豎音汝童僕未冠者之稱亦作竪　齔音襯齠齔毀齒也　興當作釁取血塗器本音馨　儐音賓

導也又音殯　懌音亦悅也　丞音承翊也繼也副貳也　于當讀迂是迂曲其事也本音余　倅音翠副也又音卒　鉶音刑盛羹器　禰當作祧本音你　遞音第傳遞也迢遞也遞同　承當讀贈承以衣服本音丞　纖音尖刺也罣刑也本音先　剸音慱截斷也又團專轉三音　告音鞠窮究曰告本音誥又音谷　昕音欣日明日將出也　攛音竄販也擲也　兌當讀悅

禮運

埶亦作勢權力也　遄音傳速也又往來數也　殽音效學也法也本音爻　捭音百以肉燒石上　桴音浮擊鼓杖又屋棟也本音孚　橧音曾聚薪如鳥巢　酪音洛乳漿　型音形鑄器之法　鎔音容鑄也　凍音東暴雨又露貌亦作涷　滃音翁上聲雲起濃貌　醆作淺爵也又酒濁微清也　粢當讀劑粢醍酒成而紅色又咨慈二音　醍音體　齍音咨黍稷在器　爓音潛況肉於湯也本

音焰凜音廩寒貌斚音假鬱鬯之尊斝同謔香入聲戲言也明當讀則法也本音名變

當讀辨猶正也本音徧耐音能工善也本音奈朓音挑晦而月見西方曰朓朓者疾也月行疾在日前早見

朒音衄縮也朔而月見東方謂之縮朒又縮朒不任事之貌與肉通用淰音審魚駭貌又音閃獝音橘

狂也惡鬼也獗同狘音血獸名又驚走貌又音越隊音兌伍也羣也行列也瘞音縊埋也藏也

養當讀義麯音曲酒媒也麴同醨音漓薄酒也苑音尹苑結屈曲也膠滯之意本音婉

窅音杳深遠貌又窔東南隅窔同豸音治蟲無足者棷音藪聚草也又音鄒璜音黃半璧也

玦音決珮如環而缺觿同叵音頗不可也

禮器

恇音匡怯也遹音聿遵也自也又邪辟也褥音辱裀也琥音虎琥珀松脂入地所化缶

音否瓦器所以盛酒漿又秦人擊之以節歌甒音武器也棜音飫陳饌鳶尊器也菱音陵菱也蔆同

苕音條草可爲帚謂之苕瑑音篆雕刻圭璧上起兆瑑越音活蒲草本音月犧音莎酒尊

名本音希冪音覓覆食巾樿音展木名可以爲杓婆音皤婆娑舞貌又老嫗曰婆娑音梭

詡音許大言也敏而有勇也彙音謂類也茂也絪音因絪緼元氣交密之狀又麻枲曰絪葆

音保韜藏也又草盛貌奧當讀爨本音懊饎音熾酒食也糦同缾音平汲水器缾同摲

音衫芟也摭音隻取也拾也武音無詔侑武方本音舞醵音據合錢飲酒又音渠惡音呼

惡池水在并州又楞烏二音池音沱本音馳溫音愠溫藉和婉也本音塭躃音壁足不能行躃同

愜音怯快也適意也莞音官蒲之細者又東莞地名又音緩鐶音寰金也又指鐶耳鐶稈

音提不莛秆同亹音尾不倦意又音門湮音因沈也塞也定音訂熟肉也又營室星又額也本音錠

祊 音崩廟門旁祭先祖也又音方

肆 當讀該肄夏樂名本音四

郊特牲

腶 音煅腶脯捶脯施薑桂也

禘 與祊通用春祭宗廟之名本音第

禴 音龠夏祭又薄祭也

奇 音基不偶也零也本音祈

旦 當作神晨也本音鳴

酖 音鴆酒有鴆毒又音耽

錫 音陽馬面餙鈴屬

脇 音脅左右腋下也又去聲

裼 音傷道祭強鬼也又音陽

單 音亶盡也本音丹

鹽 音焰以鹽淹物本音詹

劀 音產側平也又音戢劀度星象也

璪 音早玉飾如水藻之文

啜 音拙井田兩陌問道又音喘

貓 音苗捕鼠獸又音茅

蓏 音裸在木曰果在蔓曰蓏

移 音異羨也又寬縱之意本音夷

酢 音醋酸也又音咋

茆 音卯鳧葵也

蠃 音裸螺蠃細腰蜂又音螺

幾 音祈近也又雕幾器之圻塄也本音己

卣 音由中尊盛鬱鬯者又音酉

煎 音籛熬也

鍊 音練鑠治五金煉同

毋

音怡 餈音慈稻餌飯餅 擣音島築也舂也搗同 炒音懰乾熬也懰同 溲音叟以水和模本音
搜 蝸音羅小螺蠃同又瓜戈二音 濡當作胹本音儒 胹音而烹煮以汁和也 卵音昆魚子
醬亦作鯤本欒上聲 稌音杜稻也 橑音老籩實乾梅之屬 腒音瞿鳥腊 鱐音搜乾魚也又音宿
臊音騷豕膏臭 麕音君獐麕麏同 軒音憲切肉也本音掀 藿音霍香草又大豆葉 蜩
音調大蜩 栭音而栗也又梁上柱 柹音市果名 楂音柤果屬似梨而酸樝同 薤音解草名山上
有薤者下有金 藙音乂煎茱萸也 魴音房魚名 鱮音序魚名 尻音曉脊骨盡處 膜音莫
肉閒曰膜 鯘音腇魚名又音偉魚敗也 斮音卓斬也又音灼 撰音譔猶選也 蠹音妬食木
蟲蠹同 庮音由病也臭也 冷音靈稀冷也又水清貌 皫音縹鳥毛變色 睫音接目旁毛插
於目眶而相接也 漏亦作螻曰臭如螻蛄本音陋 嘶音西馬鳴也 胖音泮牲之半體又音盤

鴇音保鳥名性淫也又白雜毛曰鴇鳵同肶音皮厚也膍同宛當作苑本音婉軟音耎柔也輭同湻音肫沃也漬也又湻熬八珍之一本音純熬音敖煎也毋音模熬餌也湻毋八珍之二本音畝謹音芹謹塗黏土也本音緊皽音展皮肉之膜糔修上聲糕屬爲稻粉滫溲之以爲也將當作牂牡羊也本音奬脥音昧夾脊肉又音美幪音蒙㡢幪覆也又音門燋音焦然炬持火臅音觸膏也酏當作餰本音移又音慈餰音專以狼膏同粉和爲餅樿音燀直曰樿橫曰椸楣音眉上橫木囟音信腦蓋顖顋同咳音孩小兒笑也本音慨劬音瞿勤也疲勞也旬音均徧也本音巡襦音如短衣袴音庫股衣也褲同娩音挽媚好也順也又音免紃音旬組細紡纑也又圓米絛絛音縚編絲爲繩縧同

玉藻

音牟發聲之詞本音無　爀音熱火熾也　擅當讀磬　釧音串臂環　膟音律膟膋腸間脂也
膋音聊　倞音亮索也遠也　挈音結浄也清也潔同本音揭　肆音剔解肉也本音四又音畢
腍音衽熟也　妥音垜安也帖也平也　獻音梭酒尊名犧同本音憲　挲音梭摩挲　澤當作
醳醅酒也本音擇　辟音弭消也除也本音璧

内則

笏音忽手版　梳音疏理髮器　鬌音朶兒生三月剪髮所留不剪者爲鬌又垂惰二音　頷音撼
頦下　遰音逝方室本音地迢遰　縏音盤小囊　袠音姪書衣又書卷編次帙袟同　衿音靳衣帶
本音今　癢音養痛也癢也痒同　酏音移薄粥也又飲也酒也又慈古二音　芼音冒熟而薦之也
蕡音文大麻子又草木多實也　飴音怡米蘗煎成湯也　荁音完草似堇者　枌音文白楡也

薧音考乾肉又音蒿滫音脩上聲米汁也滫音髓惰也滫同泔音甘米水也篋音怯

箱屬藏也襡音蜀長襦連腰衣也又音獨挨音捱推也擊也敦音對祭器本音墩堥音牟

堆墊小壟又瓦器噦音謁逆氣嘔也又音抉本音誨噫音隘飽食息也本音衣睇音第少視也

洟音體鼻液本音夷涕同嘔音毆吐也嗽音漱咳嗽上虛氣咳音慨撅音桂揭衣

也又厥掘二音綻音站衣縫解又縫補綻裂曰綻又蓓蕾花綻貌紉以線貫針爲紉又續也刷音說

刮也拭也燂音潛溫也又音尋潘音番淅米汁也本音拚靧音悔洗面也湢音逼浴室

也又湢水驚起勢也茝音采香草本音齒稰音須熟穫曰稰穛音卓早熟穀又生穫曰穛苽

音孤彫苽也即彫胡菰同膷音香牛羹也臐音熏羊曰臐豕曰囂囂皆香美之名膮音囂臛

音郝肉羹鴳音晏鳥名鴽也醷音倚梅醬又音益餌音二釣哨魚者又音耳酏當作餈本

端 音冕冠也本音耑
踐 音剪踏也本音賤
迾 音列遮也
璺 音同器破而未離謂之曰璺
植 音直緣也又音特
晞 音希乾也
禨 音暨沐而飲也
杅 音于浴器
珽 音挺天子大圭也
連 當作湅本音聯
湅 音練洗也
荼 音舒美玉也一曰紓也紫同本音涂
噎 音謁食窒氣不通也
喉 音侯咽喉
澆 音驕沃也又音嘐薄也
偞 音葉厭也卑微也僷同
洒 音蘚恭肅貌又催上聲本音灑
言 音誾和敬貌本音延
弃 棄通用
肘 音帚臂節
織 音志錦絅屬
振 音袗單也本音震
褶 音蝶有表裏而無著今裌衣也
豻 音岸胡地野犬亦作犴
鮫 音交海魚皮可飾刀形似鼈無脚有尾又鮫人居水室織綃
緶 音脁縫衣也
辟 音皮飾緣邊也本音璧
肆 音肄餘也本音四
韍 音弗韠也
芾 音弗冕服之韠也又音廢
挫 音佐輔也
韎 音昧以茜草染韋爲赤色而作蔽膝也
韐 音蛤戎服以蘇爲韋弁
縕 音温赤黃間色本音醖
幽 音黝黑色本音憂

揄音搖揄狄夫人之服本音俞又頭偷輸三音
褘音菊黃衣曰褘
翬音暉雉也又翬衣后之服也
襢音戰白衣也又音展本音袒
齊音慈疾藜也本音臍又劑賫齋咨四音
鑣音標馬銜外鐵也
綪音爭屈也縈也又音蒨
純音緇黑色本音醕又準屯頓三音
瑜音俞美玉
瓀音擩佩玉瓀同
玟音民石似玉珉同
癠音劑病也又生而短也又音齊
圈音捲回旋行貌
圏音棬圈點又作杯圈本音倦
豚上聲循也當曳轉其足循地而行也
剡音炎身起之貌又銳利曰剡
跟音根足踵
遬音速齊遬謹慤貌又蹙蹙也
顚音田憂思不舒之貌本音巔
詻音額教令嚴也又訟也
辨讀貶謂立之容貶卑者不爲矜高之態也本音便
讇音諂佞也
休虛去聲盛氣顛實揚休亦煦
栫音臯茅之旁出
賓音儐出接賓者擯同

明堂位

篹 音纂籩屬 琖 音醆小杯夏曰琖殷曰斝周曰爵爵皆盛鬱鬯之酒盞同 梡 音欵有虞俎名 嶡 音厥夏俎名又音貴 瑶 音遥美玉也 珈 音加首飾 檐 音炎屋邊簷 夷 當作彝法也本音移

韗 音運攻皮之工又靴也又音棺 拊 音撫循也本音撫 揩 音楷摩也擦也 矇 音蒙目有瞳子而無見 媧 音瓜古聖之女又音戈 跗 音夫足背跗本音附

喪服小記

紒 音計結束 幓 音衫旌旗正幅縿同 搹 音厄持挽捉掘也 報 音訃告喪急疾之義本音豹

篠 音小小竹箭屬筱同 澡 音棗洗滌也去垢也

大傳

紕 音批繒疏欲壞也又皮避二音 徽 音輝旌旗之屬又善也美也又琴節曰徽

少儀

癖音劈瘕癖腹病脩脩又偏癖 愊音葉 幅音逼又水逼束使牛不觸又音福 觥音肱酒器以兕角爲之受七升罰失禮者 苓當作軨即軾也本茯苓藥名 趍音池奔趍也 拔音跋抽起也本辨入聲

懶音嬾懈怠也 弢音叨弓衣也 襓音饒夫襓劍衣 削音笑刀劍室本襄入聲

噍音焦嚼蹴也又消啾二音 嚌音嚌咀嚌 僎音遵鄉飲酒本音撰 腴音臾肥也 鰭音其魚脊

膴音許腜肉大臠又脯也本音武 臠音攣切肉塊也 圂音患大豕也豢同又音慁 提音抵猶絕也本音題

膳當作胙爲己祭而致膳於君子曰膳

學記

謏音小誘辭本音叟 肴音爻骨體曰肴 術當作州本音述 睽音恢違也日月相違 蛾

當作蟻蛾子螘之微者本音俄 夏作榎 榎音假刑負以扑怠忽者又山楸木名檟同 縵音漫繒無文又瞞幔二音 呻音申吟咏之聲 佔音襜視也 格讀爲洛如東洛之洛 從音舂從容和也本音从

橈音鬧曲木又枉也摧折也又平上二音 鐼音鐼鐼鐵

樂記

嘽音闡寬也又音灘 怗音貼安也服也又音峴敝也 懘音揥敗也 涓音鐲小流之貌也

札音扎小簡也又夭死曰札 煖音諠暖也又人名本音暖 齊音躋升也 屆音界至也 志當讀急促也本音致 賁音憤怒也本音秘又文奔奮三音 肉音揉肥也又錢璧之體本音丹 狄當作逖遠也又往來疾貌本音笛 鐃音撓如鈴無舌有柄 偩音負任載也衣像也又音阜 嫗音飫育成也又老女之稱 區音鉤曲也本音驅 骼音格角骨之名 殰音瀆胎敗也 殈音闃卵破裂也

又音洫䚡音腮角中骨傿音儒短人俳音排俳優雜戲獼音迷獼猴小猴也猴音侯獶音猱大驚之貌又惱憂二音莫音默靜也本音末祉音恥福也俾當作比及也數音速數迫而疾也又音朔喬音嬌逸也恣也本音橋廱音雍辟廱太學名椌音空器物朴也又音腔柷敔也揭音訐有所表識之謂也又木虎止樂器壎音諠樂器塤同罄音磬盡也空也劌音貴傷也割也鼙音皮騎上鼓憲當讀軒昂也本音獻輊音至車之覆而前者萇音長萇楚羊桃也又姓反當讀及本音返建讀爲鍵鎖也子當作慈愛也諒當作良善也贛當作貢又水名縣名又感紺二音

雜記

裧音襜車上帷裳襜同蒨音倩草盛貌茜同輲讀爲輇輇音蟬無輻車也又音筌衡也

實讀爲至 堊音污以白土飾牆 墼音亟未燒磚曰上墼 稅音彖緣也夫人稅衣本音銳

襵音摺領耑也 繰音肖早紺色又音騷 鄣音帳隔也蔽也障同 朼音匕所以載牲體也枇同

本音皮 桁音杭欐衣竿又行幸二音 衻音髯衣緣也婦人上服袡同 輈音舟車前曲木 紼

音弗王言如綸其出如綍 穎音頭草名 嚌音劑至齒爲嚌入口爲啐也 綅音纖白經黑緯又音侵

輠吪上聲轂轉貌又盛膏器 偯音倚哭餘聲 笲音煩竹器笥屬 枚音玫枝條幹曰枚又箇也

又不指其事汎枚吉凶曰枚卜 輁音穹輁軸所以支棺又音拱 闈音韋宮中相通小門 駑音奴駑駘

下乘 豭音加牡豕 齎音擠持遺人也亦作賫 衈音二刲牲耳血以祭 鬈音拳髮好貌

喪大記

斞音居挹也酌也 幠音呼大也布也覆也本音舞 繘音聿汲水索 枓音主斞器形如北斗

用以斲酌本音斗　挋音振拭也給也潔淸也　蘸音灆以物淬水中　差音搓摩洗也又釵又二音
垼音役陶竈窗也投同　鬲音歷鼎足曲也本音隔　屝音肺隱也陋也又音椎　濡音軟頻潤
其髮也本音儒　濯音掉不淨之汁也本音濁　罌音英瓦器罌同　笫音子牀簀也　圩音于岸也
筥音莒筲之圜曰筥　紞音耽懸瑱之繩用雜綵線織之者傳衡紞紘綖又音垣　胥當讀祝爲主人
饗神者本音須　裁音在亦製也本音才又音再　凷音塊上凷　柱音主撐也支也本音住　鑽
音譖釘也可以綴著物者鐕同　鬊音舜亂髮也鬜髮也又音蠢　綠當讀角棺內四隅本音六　櫕音攢
積竹杖又木叢也　辟當作擘裂也　國當作舡　熮音憀乾熬也炒同　僞當作惟詐也
披音泌夾持棺者本音批　咸當作緘棺束爲咸繩本音鹹

祭法

相 當讀祀本音廂

近 音迎相近於坎壇祭寒暑也本音靳上聲

祭義

僾 音愛唈也又彷彿也

愾 音迄至也又慨戲二音

漆 音切祭祀容自修整也本音七

慌 音晃儻慌昏也又慌惚也

陰 亦作廕芘陰也又瘞藏也本音喑

見 當作覸雜也

頃 音跬半步舉足也本音傾

獀 音搜索也又南越犬名

駐 音住止馬也

祭統

淶 音來水名

鐙 音登豆下跗又音凳

煇 音運甲吏之賤者又焄輝二音

胞 音庖肉吏之賤者又包拋二音

譔 音撰錄也又專教也

寘 音志舍也止也安著也

纂 音纘繼也集也似紺而赤黑色也

慶 與卿通用本音罄

經解

蠹音妬食木蟲蠧同　愀音悄色變也又音秋

冠昏義

巹音謹以瓢爲酒器　段音腶修脯加薑桂也腶同本音斷

鄉食酒義

孝音效效也本哮去聲　愁讀揫秋之爲言愁也本音懋　揫音啾收也聚也斂也

射義

豭音加豭羆貜也　矍音矍急視也又目不正貌又音攫　賁音奮覆敗也憤同又焚奔二音本音泌

厪音僅少也　鳱音干鳱鵲也

聘義

縟音肉繁采又細也　碈音民美石似玉碈同　縝音軫密也緻緻也　瑾音靳美玉　傴

音禹僂也秪也　膊音博肩膊　菅音奸草名茅屬又音宮

問喪三年

斯當作纚鷄作笄斯簂髮之縚也本音司　𨇤音逐行跳躍也　啁音周啾聲又刁嘲調三音　噍

音啾啁噍燕雀聲又誚焦二音

服問閒傳

芐音夏蒲苹草也

仲尼燕居

櫨音盧柱上枅曰欂櫨 顱音盧首骨 虒音桃不滿之處又音迢 倀音昌失道貌無見貌又虎倀

逮音第安和貌本音代

坊記

盇音渴夜鳴鳥本音合 偕音佩从而立也

喪記

移音侈衣服以移之本音怡 鶘音胡鶘鵜水鳥 示音其地神本音侍 眡音低視也 羝音低觸也 牾音誤逆也抵觸也 簭音誓揲蓍以占筮同 巧音古言詞有考據本敲上聲

緇衣

梏音角直也本音谷 吉音告伊吉伊尹告太甲之言本音結 雅音牙人名本音庌 周當讀

割本音卌 田 當讀中本音恬 偵 音貞正也又音樫伺也 觀 當讀勸本音官又音貫

深衣投壺

袼 音各袂也袘也 扶 音孚側手曰扶本音符又音匍 純 音全備也具也又滄準順也頓支六音

儒行

篳 音必藩蔽竹編門 窬 亦作竇鑿垣為孔本音俞 楷 音鍇模也式也法也又楷書又木名 槩 音壘十黍之重 圂 音溷擾也亂也又污辱也

左傳

繄 音衣發語辭又音意青黑繒 闕 音撅掘也本音缺 洩 音曳舒散貌本音泄 蘊 音溫蕰藻水草又醞縕二音 潢 音黃積水又天河謂之銀潢 眕 音軫安重也 蝥 音謀蝥弧鄭國旗名又蟲

名縺音延冕垂旒又衍硯二音鞛音琫佩刀飾瘯音促疥癬也猜采平聲測也疑也恨

也懼也犒音靠賞也縋音墜以繩垂物唾口液也亦作涶魑音鴟山神獸形魅音妹

精怪也魍音網魍魎山川精怪魎音兩涑音速水名又音嗽渢音凡水聲又馮梵二音

箾音脣象箾舞者所執又音消閈音汗門也又里門曰閈圬音烏泥墁也塓音覓塗也

苻音扶萑苻鄭地名又草名又姓晉有苻洪其孫堅背有草付字遂改姓鄩音尋周邑名惎音忌

教也意也謀也毒也諜音蝶軍中反間計也又伺也探言也豷音戲夏時有澆豷寒浞子又獸名豷同又音意

國語

睃音叟目無眸子瞍同偫音治具也儲也挶音局土轝也畺音姜界也疆同歜音觸

盛怒也又戰國顏歜庀音痞治也具也嚨音龍喉也又音忙亂也儋與擔同負荷也又去聲小甖也

軺音堯小市併駕驪馬 枷作枷連枷打穀具又項械 菒音藁枯草也 槍音鏘距也稍也又抵也又音撐欃槍彗星 襏音撥襏冥羽衣 禯音禯 廕音陰庇廕 溟音冥海也又溟濛小雨又上聲 鵬音朋大鳥 坳音拗地坳下不平 鷽音學山鵲有文彩長尾 搶爭取也突也又音鏘拒也又音撐欃搶妖星 枋音方蘇枋木名 菌音囷地菌 蟪音惠蟪蛄蟬屬 椿音春木名 砉音劃破也 騞音獲解離聲 譆音希痛聲 批音披擊也推也轉也示也 綮音啟緻繒 軱音孤軱戾大骨出也 硎音刑砥石 謋音獲忽然也 躊音籌躊躇猶豫也 躇音儲 吻音肳口脣邊 嶮音險嶮巇顛危也

戰國策

貂音雕鼠大如犬黃黑色 黧音黎黃黑色黧同 炫音眩耀也明也火光也 熿音黃光明

也

跽　音忌長跪也

溧　音栗溧陽縣名

諤　音鄂謇諤直言也

矔　音貫轉目視也

闟　音翕戟名又闟也又門樓上屋

欘　音钃顏钃齊人

採　音彩摘也采同

擒　音禽捉也

蚩　音蚔蚊蝨蝱同

噣　音捉喙也又音竹

鱔　音善似蛇而鱓鱗鱓同

齩　音咬齧骨也齩同

蔆　音陵芰也蓤菱同

蘅　音行香草

翮　音核鳥之勁羽

碆　音波石為弋鏃

矰　音曾弋射矢

⿰監刂　音監利也又聚細切也

抎　音允下也如折然

鶀　音其小雁

鸗　音龍鳧屬

⿰丕刂　音丕下到地名又音披

綪　音爭收也又屈也縈也又音蒨

浿　音貝水名又音配

翄　亦作翅飛也

鄳　音萌江夏縣名

篁　音皇新竹名

誹　音非非議又音裴

鋏　音劫劍把又長鋏劍也

責　音債貸也本音仄

署　音曙官舍曰署

⿰忄監　音譼弱也

祟　音歲神禍也

廁　音次列也

挍　音教報也檢也計量也

磨　音摩磑也又平聲

媼　音縕老女

悃　音捆志純一也亦猶實也

鋤　音徂田器亦作

鉏耡同

呢 音足呢訾以言求媚 **喔** 音握喔咿強笑貌又鷄聲 **咿** 音伊咿 **嚅** 音如囁嚅多言也

哾 音兒強笑語又曲從之貌又音蛙 **酲** 音惺酒蘇夢覺又音星 **枻** 音洩楫也 **鬐** 音其馬鬐

鯢 音倪似蛇四足聲如人 **琦** 音奇玉名 **憭** 音寮慧也照察也又音了 **泬** 音血泬寥空貌又音厥

欷 音希歔欷泣餘聲 **懭** 匡上聲懭悢意不得也又音曠悢也 **悢** 音郎 **惆** 音抽惆悵悲愁也

鵾 音昆鳥名又雞二尺鵾同 **嘶** 音析嘶嘶鳥聲 **駃** 音決又音快 **騠** 音提駃騠良馬也

箏 音爭樂器十三絃秦蒙恬所造

漢文

崤 音爻二崤山名 **陀** 音沱陂陀不平貌陁阤同 **笞** 音鴟棰擊 **匈** 音凶匈奴單于名 **鐻** 音瞿樂器似夾鐘又巨據二音 **倔** 音崛倔強便戾也 **錟** 音談長矛又音琰 **銛** 音纖利也又西屬又

音黍鎩音晒長矛又鎩翮摧翼也本音殺貍音埋亦瘗也顆音堁言物一顆又一頭也餇

音謁食不下也篩音師竹器又灑平聲謏音叟誘辭又謏同又音小厝音措置也又礪石也燃

音然燒也彗音位曝乾也又音遂剄與頸通用頭莖也綰音指繫也貫也淆音爻混淆雜亂

貌淆同仄音責平仄字聲也又傾側也不正也厪音覲纔也餘也諉音內託言也又音委或作推委

之諉恙音懞病也憂也豨音希豕也豨同頓音遯不利也又音咄本音躉髖音寬股骨也

輳音奏輻輳也瘇音尰足踵瘇同蹠音隻足掌也盭音戾不可行也又弼也又染綠草

娒音武嫚娒痱音肥風病烽音風野火告邊急者燧同縠音斛縐紗緁音妾緶衣也

綈音提厚繒蘖音孽婢妾也又草木之怪箒音肘箒也菷帚同誶音歲告也詬也哺

音捕食在口又口飼也搴音騫拔取也僵音姜仆也隃音俞越制也傌音駡戮辱也

絏 音泄繫也馬韁也紲同
榜 音棚棰擊也木音榜
奊 音翕奊詬又音后謂無志分也
詬 音后又音遘
挻 音延引也
呵 音訶責也噓氣也又笑聲
氂 音犛牛名尾可爲旌旄犛氂同
捽 音足持頭髮也又音卒
憙 音嬉欣也悅也喜同
摺 音摺摺疊
柢 音帝根柢也花葉之根曰蔕木之根曰柢
軼 音泆侵也車相過也
⿰糸亢 音梗汲索亦作綆
募 音慕招聚也廣求也
喁 音容魚口上見貌
檄 音覡木簡以號召也若有急則插雞羽謂之羽檄
湛 亦作沈溺也本音賺
瀇 音穬深廣洋溢貌
澍 音注時雨霔同
筰 音昨竹索西爽以渡水故因號曰邛
縉 音晉帛赤白色
陭 音溪陭隔山險也崎同
⿰阝區 音驅嶇同
胼 音駢胼胝堅皮也
胝 音肢
胈 音跋股上小毛
齺 音齪齒相近聲又握齺急促之貌
潯 音尋水深
牂 音臧牂牁郡名又母羊也又盛貌
牁 音柯
禔 音支安也福也
𢇍 古絕字
阽 音坫近邊欲惰也
齩 音咬齧也嚙同
誖 音悖言辭也
倈

音來徂倈山名哈音含銜也矻音窟勞極也堅也鍔音咢刀劍鋒稜篿音遂竹帚靶

音把轡革也蘧音第蘧鐘琹名殫音樿竭也極盡也煦音吁煦嘘呼吸也又音煦禺音顒

番禺地名鑕音質斧也縰音洒黑繒韜髮纚同又洗史二音渤音勃渤澥海名也澥音蟹

噤音禁寒而口閉也拏音拏牽引也攫也把也蝘音偃蝘蜓顩音儼狹面銳頤之貌

掉音蓧搖也顫也又音闘枹音孚擊鼓杖驃音票勁疾貌又驃騎官名癠音慘痛也又音

僉鐫音尖鐫削也僤音慍謀也重厚也慴音摺怯也心服也喪氣也懾同盂音于飲器

黈音鈄冕旁纊曰黈纊垂耳旁不外聽也食音異酈食其漢人名本音石其音姬語辭本音淇

莛音亭草莖又音挺鼱音精鼱鼩小鼠鼩音瞿䶃同咋音責嚙也又聲大也慔音莫

覆上曰幙鯨音京海中大魚

史記

姓音魋好貌　峒音同峒山名　嬗音禪與也　貲音咨財也　甌音歐小盆　抏音桓耗也　凑音輳聚也　戄音矍急怒貌又遽視貌　嫺音閑雅也又習也　皭音嚼淨白貌　泥音涅染也本音尼　浙音折浙者折也水勢折曲激起潮頭故曰浙江亦作淛　汩音覓水名本音骨　咫音旨八寸曰咫又近也　繦音襁錢貫　闒音搭闒茸猥賤也　茸音冗　弮音棬弩弓也　睚音厓睚眦怒目相視貌又音隘　眦音自又寨咨二音　佴音二貳也次也　搒音邦搫也又音謗　倜音剔倜儻不羈貌　戇音撞愚也直也

三國文

禕音伊美也珍也　賨音叢戎稅賨同　偉音葦大也奇也　虵音夷毒虵　訶音呵大言而怒

又譴也責也　茝音齒香草　蓀音孫葛草　蕙音惠似蘭而香　揄音俞引也抒也又揄揚譽言也

晉文

禊音係潔也上巳於流水上洗濯宿垢謂之祓禊　颺音樣風飛物又音陽　洒篩上聲瀟洒不羈也灑同

瀨音賴水流沙上　拉音臘折也招也　巒音欒山鋭而小　帙音姪書衣又書卷編次也袟袠同

倥音控倥傯窮困不暇給也　傯音綜　飇音標扶搖風　擺音捭撥也排也　扃音絅門關木

薜音弊薜荔香草　瞋音嗔怒而張目　幌音恍帷幔也

唐文

裾音拘衣裾又音據　戡音堪克也　蒭音芻苾蒭梵語謂僧也　榻音塔牀狹而小　棨音啟棨戟兵欄也　座音坐座位也　層音嶒疊也級也　汀音衧水際平地　嶼音序山在江中

甍音萌屋棟囑音燭視之甚也舸音哿凡船大者曰舸小者曰艇睇音第小視也渦
音戈水名出自睢陽而入于淮過同矗音觸齊也聳上貌嬙音牆嬪嬙婦官轆音鹿車聲又轆轤汲
機也轤音盧鐺音撐釜屬有耳足又音當鐺也邐音李邐迤行貌又因循也錙音淄六銖也又
八兩曰錙啞音雅瘖也又音厄敻音迥寥遠也又音絢營求也曛音熏日入餘光腷音偪
腷臆意不滿也又膞也又僻籭二音輜音菑庫車冪音覓以巾覆物冪冪同搉音角搞也舉而引之
也店音坫置貨鬻物也琵音皮琵琶樂器琶音爬鬟音還總髮也龜音上龜茲
西域國名本音規茲音慈本音貲轟音薨衆車聲摹音謨撫摹也擪音捻指按也
癡音鴟不慧也痴同鈿音甸螺鈿又音田窠音科鳥巢穴璟音炯玉光揀音練
選擇也又音簡瘡音牕痍也痏音委疻痏也又音又顫也詮音荃擇言也評論事也寘音寘

寂寞洎音暨及也又肉汁也鴆音酖毒鳥以其毛瀝酒飲則殺人漦音黎水名又涎沫也喑

音陰極啼無聲吒音詫叱吒怒也勌音倦厭也怠也疲懈也璽音洗天子之印嬉音希戲也

游也爬音琶搔也抉音決剔也挑也晷音鬼日影咀音沮吹咀含味也又音疽吹音甫

聱音敖聱牙謂不入牙難讀也宋音亡深也又音盲欂音剝欂櫨枅也柱上拊也櫨音盧

棖音戚門楔扂音店門扃也楔音洩門兩旁木溲音瘦便溺溲同狶音希狶苓即豬

苓也賃借也僦也傭賃也齷音握齷齪急促局隘貌齪音戳隊音懟羣也竢音俟

待也獱音賓獺屬黛音代畫眉墨也趦音咨趦趄趦不進貌趄音疽囁音聶囁嚅多言

也徜音常徜徉猶徘徊便旋也徉音羊蓲音丘烏蓲荻也霹音劈霹靂迅雷也靂

音歷愕音咢錯愕倉卒驚遽貌嶄音巉巖尖銳貌儁音駿智過於人踔音卓行也擠

音躋排也陷也又音濟

鰐 音号似蜥蜴而大水潛呑人即浮鱷同

撊 音凝指也又刺取也

麞 音章麋屬獐同

伈 心上聲恐懼貌

鰕 音蝦魚名

邽 音圭縣名[illegible]同

敦 音悖敦鞮晉臣官名又旋放貌

𨺗 音喫阸塞也亦作際

廈 音廈大屋

聽 音欣讙微笑也

𧹞 音缺小智貌

亘 音宣極也遍也亙同

陬 音諏阪隅也孟陬正月艮東北隅也郰同

鈷 音古鈷鉧亦作鉧潭言潭如釜形溫器

嶔 音欽嶔嶔山不正貌又嶔崟山高貌

剗 音剗削也又音產

瀠 音縈水回貌

⿰雩刂 音戶雩社上林苑地

睥 音彼睥睨邪視也

欐 音厲梁欐屋棟也

嶋 音鄔山阿也隝同

嵁 音諶高險也不平也

釃 音離疏也分也又音師

逶 音委逶迤

踠 音苑曲腳也

瘻 音屢頸腫也又音漏痔瘡也

踣 音蔔斃也倒也又音赴

宋文

嚖音誨鑾聲徐有節也又鳥聲**堞**音蝶雉堞城上垣以白堊之曰粉堞**瀑**音僕飛泉懸水**韵**
音韻風度也**氅**音敞鷩羽**帆**音凡舟上帆風幔也**妓**音技倡也**滁**音除州名**恤**音戌
時也歲在戌曰閼茂**瓶**音平汲水器缾同**罌**音嬰瓦器甖同**閬**音浪閬苑仙方**巃**音龍巃嵸
山高峻貌**嵸**音宗**峩**音蛾嵯峩山高大貌峨同**簦**音登簦有柄者**霪**音淫久雨也**檝**
音接短棹楫同又音妾**芷**音止香草**縑**音兼絹也**圽**音殁埋物也亦作沒**臚**音盧陳也又上
傳語告下爲臚又鴻臚官名**讜**音黨善言中理**潯**音尋潯湲水聲**傴**音歐傴僂身向前也本音禹
纛音毒軍中大皁旗名皁纛**瀝**音力滲也點滴也**颯**音駁朔風也**泙**音烹水聲又音平谷
名**湃**音敗水聲洶湧也又音派泙湃水勢也**鏦**音聰矛屬又金聲**砭**音窆以石鍼刺病又平聲
龍音龍馬蓼草**黟**音依黑木又縣名黟同**喞**音卽喞啾衆聲又蟲聲**碪**音勘搗衣石也

本音鬷
鑊音獲釜屬也
愎音闢狠愎剛愎自用也
忭音卞喜樂也
硿音空石聲也
磔音仄裂也剔也
噌音曾噌吰大聲也
吰音宏
澎音烹澎湃水聲
鞳音錔鏜鞳鐘鼓聲又兵器
舷音絃船邊
槳音蔣所以行舟縱曰櫓橫曰槳
繆音了繚也繚也本繆平聲
舳音逐舳艫船後持舵處
艫音盧
槊音朔矛屬
泝音素逆流而上曰泝洄順流而下曰泝游溯同
响音響應聲
迬古往字
瞬音舜目動也瞚同
虬音求龍子無角虬同
劃音獲剖也
蹁音篇蹁躚旋行貌
躚音先
鏄音團鐵塊
犦音毫牛名又音報
羯音結羖羊也
磅音滂隕石貌
礴音薄磅礴混同貌又音博
蝵音秋蜘蛛也
蚖音元蠑蚖也
懾音輒心服也喪氣也慴同
榷音角橫木渡水謂禁民酤釀獨宮開置如道路設榷獨取利也
茗音酩茶晚取者
倀音昌失道貌無見貌
峴音蜆山名
藂音叢灌木曰藂叢同
洶音凶水勢大貌又上聲
桅音峗

舟上掛帆檣

晻 音揜目無光又音暗

曖 音愛晻曖目不明貌

元文

⿱文耳 音文耳受聲聞同

艤 音蟻整船向岸也

舵 柁同正船木

淼 音眇水大貌

詫 音汔歎也又自足貌又音移

浟 音攸水流貌滺同

窩 音渦藏也窟也

澨 音筮水厓

劂 音决剞劂曲刀也

晀 音挑晦而月見西方曰晀晀者疾也月行疾在日前早見

闖 琛去聲馬出門貌

袿 音圭襶袿婦人長帶

璚 音決珮如環而缺玦同

爚 音藥爇也又光明照貌

罾 音會魚網有機者

繶 音億絛也又履縫中紃

紃 音旬組紃紡縧也

跫 音洶足聲又音凶

明文

柑 音甘橘屬

猴 音侯獼猴猴同

燁 音客野火也

釭 音缸銀釭燈也

箜 音空箜篌樂器

燮同 篌音侯 黅音今黄色也 摛音鴟布也掞也 䨶音終久陰小雨 霒音陰雲覆日也

嶂音障山峰如屏 颼音廋颼飂風貌飀同 痾音嬰病寖深也疴同 碕音其曲岸 鵲音舃

鳥似雉而大 濂音廉溪名 吭音桁咽也 瘤音流瘤痝餘肉也 痝音芒病困也 珂

音軻石次玉 婀音痾婀娜美貌 娜音那 褷音師襹褷毛羽衣貌襹同 纈音絜繫也結也又文

繪也 璀音漼璀粲玉光 掞音儼倒也又音豔 么音邀么麼 麼音摩 鎪音廋雕鏤鋑同

玲音陵玲瓏玉聲又瑚鏤貌 瓏音龍 幢音牀旛幢旌旗之屬 嵌音陷入中也 嫪音癆

婟嫪戀惜又士無行者曰嫪毐又秦始皇時人 毐音靄 䕶音互湯樂名 柟音南木名 侘付託

之託同義 昱音欲日光 娼音昌妓也又倡優女樂也 獅音師狻猊也日走五百里 蜿音苑蜿蜒

龍貌 蜒音延 舶音白海中大船 皸音軍足拆裂也 旰音幹日晚也 珉音民石似玉玫

同 蛀音著蠹魚 暈音運日月傍氣 瑛音英玉光 鏐音流黄金之美卽紫磨金也 邯音寒邯鄲趙縣名又音酣 鄲音單 騃音矮癡也又馬行也又音俟 縼音鏇纏繞也 苒音染荏苒柔弱貌 灺音謝燈燭燼也 ⿱穴血音血宜也穿也 黌音宏學名

歷朝東捷錄

周

麿音摩么麿小也麼同 貰音世賒也又音射 瞑音明夜也晦也 咽音謁哽咽悲塞也又音燕 挒音列紾也折也捩同 跿音徒跿跔跣同 跔音劬手足不伸也 ⿰忄桼音蝶恐懼也惵同

西漢

⿰歹骨亦作猾 愷音凱樂也愷悌樂易也 冒音墨冒頓漢匈奴號本音帽 頓音咄本音遁

郅音至地名又只也登也　葡音匍葡萄　萄音桃　玳音代玳瑁龜屬瑇同　瑁音味又音耄　蒟音舉木實似椹蜀人採以爲醬　酤音孤一宿酒　吼音吽虓聲

東漢

弇音奄蓋也又鐘形中寬也　欃音攙欃槍妖星又讒賺二音　薏音意薏苡子肉可食　苡音以　遝音沓雜遝迨也　籞音語池中編竹籬以養魚　⿰食差音差致滋味爲⿰食差　嘩音華讙也俗或讀花非譁同　孱音潺懦弱也不肖也　臍音齊肚臍　瞞音漫平目也　猇音囂虎欲齧人聲虓同　幗音國婦人喪冠　訩音凶訟也衆言也詾哅同

兩晉

涎口中液也　熳音慢爛熳　薦亦作搢薦紳也本音洊　䴵音餅索䴵　忨音刓貪也愛也

瀫音渴遲也 鬌音神頻鬢在頤曰鬢在頰曰髯頾同 淝音肥合淝縣名又水名 勍音擎强也

崛音倔勃起曰崛起又山短而高

劉宋

崥音皮山足 慳音擎吝也 贗音雁僞物貨不好也 鋋音延小矛 齅音嗅以鼻就物

蕭齊

覸音禮鬭覗也 覷音趣伺視也 扼音厄抑也扼同 腕音捥手腕掌後節中也 麝音射獸名 菰音孤郎彫胡也菰同 涪音浮水名地名 醪音勞濁酒

蕭梁

翂音分飛貌 韲音擠醯醢所和亦作齏 櫪音歷馬牛皁 頫通作俯低首也

陳陳

眢音宛無水井曰眢

楊隋

贇音斌人名又美好貌　昉音彷始也又日初明　麽音摩麽尼　胚音丕婦孕一月也　哮音鴞喘也　絓音卦罥也

前唐

墌音職基也又城名　銑音蘚金之有光澤者　垍音忌堅土　贓音臧吏受賄　燋音醮灼龜炬又音焦　瞔音責張目也　揳音戛擊持也　曌音照明也武后也　眯音米物入目中

鵁音交鵁鶄水鳥可辟火災　鶄音精鶄同　鸂音溪鸂鶒水鳥　鶒音尺鸂鶒同　驍音囂

良馬又健也武猛也撐當作撐撥也掌同掀音軒以手高舉菩音蒲香草又濟也釋典言菩薩普濟

衆生也薩音撒堠音后五里一堠望烽火也嗒音答噂嗒相對談語背則相憎緋音非絳色

懱古陳字怖也閥音伐明其等曰閥積其功曰閱潾音麟水清貌又去聲犇音奔牛驚貌

堿音咸階䃮又音砌籙音錄圖書湟音皇水名蝟音位似豪猪而小奓音夸大言

也誇同揑音孽捻也聚也咆音袍咆哮玫音枚玫瑰火齊珠又花名

五季

碭音蕩䓿碭山名又上聲孌音戀切肉塊也晃音恍明也暉也照曜也晄同汛音迅洒也

伀音中征伀行遽貌腇音餒萎腇耎弱貌懵音蒙懵懂無知貌懞同顦音憔顦顇憂瘠

也顇音悴熛音飄火飛也攄音樞舒也摛也鎗音鏘兵器

北宋

𤨏音鄰文貌又上聲　㫗音敝通也明也昶同　煜音昱耀也又火光也　鋹音敞利也　鼾音汗鼾睡臥息也　种音沖稚也　黷音牘黷也　劾音核推窮其理也　歔音虛欷歔悲泣聲　抝音抝心戾也又去聲抝捩固相蓬也　璪音藻玉飾如水藻之文　筌音詮筍也捕魚器　蟣音紀虱子又音機也　虱音瑟蝨同　摶音團揑聚也　簸音跛揚米去糠又音播　勔音免勤勉　髭音呰口上鬚邐同　瑴音角二玉相合玨同　喝音呼也呵也　脰音豆項也

南宋

諰音洗言思之意又音篩　哨音削口小不容也　膻音羶羊臭也羴羶同　苐音提草名通作次第之第　郾音偃穎川縣名　藕音耦芙蕖根蕅同　淟音覥淟涊垢濁也又汨沒也又邪媚之態又汗

出之貌淴音撚月音烟月氏西域國名本音軏氏音芝本音是弼音似輔也助也正也拂弼同椽音傳榱也羿音當作澤宋臣趙師羿衄音忸刃傷也姍音訕笑也猘音計狂犬也傍音旁㥬偟徬偟也

元君臣總論

猋音標犬走貌鏢音標刀劍鞘飾又音飄刀鋒也可音克可汗戎酋之稱本音坷汗音寒本音問鈔抄去聲錢鈔甪音錄甪端獸名撒音薩揮散也撲同躙音吝踐也痍音夷傷也瘡也抃音卞拊手劻音匡劻勷急遽貌勷音攘醽音靈醽醁美酒醽同醁音六禩音俟祭也亦作祀璩音瞿耳環也畋音田獵也趺音夫跏趺大坐也韃音撻韃靼北狄總名靼音怛咢古器字哥音歌聲也俗稱兄曰哥掎音基掎角胥其首曰

角掎其足曰掎又音紀偏引也黠音轄黠慧巧智也又堅黑也鞍音安馬鞍鞌同汐音夕海濤早曰
潮夕曰汐颶音具海風四面俱至也緬音俛遠也綢繆反覆也遥音堯遠也行也逍遙也遙同
獋音豪犬呼又熊虎聲哈夷姓又笑聲堁音顆沙堆也瘃音琢手足中寒瘡桁
音行屋橫木琤音錚玉聲沌音遯混沌不開通之貌呰音子籲也短也苟且也罳音思
罘罳屏也踘音匊蹴踘毬戲也尠音鮮少也骫音葦骫骳謂曲隨其事又骨曲也骳音避
逌音由氣行也鋟音侵雕印曰鋟板又音寢雔亦作售木音酬毓音欲孕也醞音蘊
醲也憀音聊憀賴又悲恨也厽古累字閡音該重也謂九天之上也斌音賓文貌埒
音劣埒垣也又等也梵音飯西域浮圖種號槯音崔木名欋音榷枳木又楊欋數名泐音勒
石解散也騕音夭騕褭良馬也又以組帶馬褭音鳥呶音鐃讙聲亦作伮孛音勃星之名

槧音塹斷木爲槧削板牘也曖音愛隱也嘖音責譖聲坂音頗坂也爀音赫火赤色
釾音矛兵車器鉾同皷音睨皮剝也皾音襄剝裏也虐則天贊皾皾神器衺音邪思也
周禮奇衺之民謂譎觚非常也不正也魔音摩妖魔巎音猱山名在齊地湑音胥水名劆
音劆分也竑音宏量度也𢍏音斃撇雜揉也撇音薩闟音俞窺闟私視也垓
音該八極地也又隄也㙈音寅陽也巋音窺山小而衆又喟詭二音偶音屍偶也又侏偶也
獰音能爭獰惡犬也獞音童犬名獍音竟獸名押音鴨簽書文字也𤞓音沖直上
飛蜺音倪寒貌臠䜌上聲覶貌嫠音犁無夫女娃音哇美女又館娃吳宮名蹩
音別蹩躠旋行貌又破也蹶同躠音薛躠同踶音提小蹋謂之踶又音第迦音加身毒國賢人號釋迦
璫音當克耳珠又丁璫玉聲

明文

冐音辱肌冐肉同　㺭音教卜㺭　伽音茄伽藍神名　㬎音顯微妙也又音習　掠亦作刻本

音晉甦音蘇死而復生也　燦音粲光明也　碗亦作盌小盂也碗同　响音虛言語順貌又音

照倈音來招倈又音賴　晟音成飯匱從日者讀盛　瑄音宣璧大六寸　詿音卦誤也礙也

煊音烜熅也　珵音呈美玉　銓音詮衡也度也量也次也　[illegible]音獨粥也　瓘音貫玉名也

恟音匈恐懼也　繙音悉繹也又亂絲也

養蒙鍼度卷之四終